臺灣 郭慧娟 著

死亡
咖啡館

手冊版

自序

　　「死亡咖啡館」活動是從2010年起，由英國Jon Underwood先生開始創辦。他邀請了幾位親朋好友，以輕鬆、自然的方式，聚在一起聊生死。參加的親友們毫無禁忌，沒有避諱，用一種坦然、正面的態度談論有關生命和死亡的話題。自此，這樣的理念開始獲得世界各地人們的響應，至今全球已有33個國家共舉辦2800多場。

　　國人向來忌諱死亡議題，我們的教育、家庭及個人都盡量避談跟死亡有關的事，但生死本是自然循環之道，所有人都無可避免，越是禁忌和迴避，一旦面臨反倒更添悲傷與無措。

　　為正向推展死亡教育，向來致力提升國內殯葬文化的「臺灣殯葬資訊網」，決定呼應英國「死亡咖啡館」活動，接力於臺灣舉辦。臺灣死亡咖啡館活動由「臺灣殯葬資訊網」網站總編輯兼主筆郭慧娟老師擔任引言人並主持活動，自2014年10月24日在台中起跑，至2016年2月27日止，共舉辦62場，預計至2016年底前將舉辦超過一百場。

　　一開始計劃舉辦這個活動時，我們網站團隊很擔心國人禁忌談死，沒想到活動消息一出，民眾報名出乎意料踴躍。第一場活動報名限25人，5天內即額滿，自此，各界舉辦邀

約不斷，網站及臉書粉絲專頁更是常有民眾詢問可否在全省各地舉辦，甚至希望能策畫種子研習營，讓死亡教育更紮根及延伸。

臺灣死亡咖啡館活動舉辦方式及內容不同於世界各國，活動每次約3小時；活動一開始為讓大家心情沉澱下來，聚焦在死亡議題上，會先播放一段12分鐘的短片，短片內容有三段，提出人們面對死亡的心態、喪親的悲傷和臨終遺憾；之後1個半小時由引言人郭慧娟老師一一拋出不同面向的死亡問題，引導參加者思考，同時進行團體分享；之後開始分成5-8人，進行小組分享。

死亡咖啡館活動引起很大的迴響與好評，不少人在聆聽引言人和參加者分享的生死小故事後，深受感動，頗有所感；也有人覺得活動啟發了他們重新思考對死亡的觀念與態度，但因時間緣故，無法更深入獲知如何面對和處理死亡的實務知識，覺得可惜。

為了讓更多想參加卻尚無機會參與的民眾，也能分享這些小故事；以及滿足大家獲得從容面對與處理死亡相關事務的知識與作法，我們著手編撰《臺灣死亡咖啡館——故事版》及《臺灣死亡咖啡館——手冊版》兩本書，希望讓活動內容有更具體的延伸，實際上協助大家坦然面對生死。

《臺灣死亡咖啡館——故事版》全書彙整死亡各個面向142個問題，以及活動中曾分享發人省思的76個死亡小故

事，期能啟發大家用不同角度重新思考及面對死亡；《臺灣死亡咖啡館——手冊版》全則從死亡態度、如何談死亡、臨終關懷、身後事處理到失落後的面對，提供非常實用的量表、小常識、貼心關懷與各種死亡資訊，期能協助大家從容的面對與處理相關死亡事務。

臺灣死亡咖啡館活動談論的生死議題

議 題	子 議 題
第一次想到死亡是什麼時候？	回憶自己幾歲時第一次想到死亡
	當時發生了什麼事情？為什麼會想到死亡？
	當時的心情及之後對自己生命的影響為何？
當開口談論死亡時……	曾經有無和別人談論死亡的經驗
	為什麼我們的社會或家庭忌諱死亡
	你是否曾因談及死亡議題而遭制止或責罵？
	為什麼大家不想談死亡問題？
	如何能坦然的談論生死？
	談死亡又對我們有什麼正向助益？

死亡的禁忌、衝擊與震撼	生活中對死亡的禁忌：數字、諧音、想像……
	辦理喪事時有哪些禁忌？
	死亡或喪禮的禁忌一定都要遵循嗎？
	我們對禁忌和死亡的因應態度是什麼？
	我們可以調整禁忌的作法嗎？
面對死亡的經驗	親人過世時的經驗……
	大部分人面對死亡的態度……
	我們為什麼會對死亡感到恐懼和焦慮？
	明知人之必死為什麼死亡衝擊還是那麼大？
	面對死亡的態度是否能夠改變？
為死亡做好準備?!	對安寧療護的瞭解和接受討論
	放棄急救？堅持到底？
	人臨終前會有什麼反應？需要怎樣的照護？
	什麼才是現代善終？

當死亡靠近時——臨終面對、關懷與問題	臨終前及斷氣當下親人能做什麼？
	具體的臨終關懷該做些什麼？
	臨終者的身、心、靈需求是什麼？
	大多數臨終者過世前的遺憾是什麼？
	面臨生命最後關頭該有什麼態度？
身後事的面對和處理	自己能為自己的後事作主嗎？
	辦喪事時常遇到什麼問題？
	喪禮中的禮俗儀節都有什麼意義？
	喪禮中的禮俗儀節一定得照做嗎？
	喪禮中的禁忌都得尊循嗎？
	對喪葬禮俗有什麼看法？
如何走出喪親悲傷？	喪失親人的悲傷經驗分享
	多久走出悲傷才是正常？
	什麼是正常悲傷？什麼又是不正常悲傷？
	如何走出喪親悲傷？
	什麼情況應該要尋求協助？要看醫生？

為自己預約一場喪禮	對生前告別式的看法
	什麼時候適合舉辦生前告別式？
	生前告別式的意義和目的
	預約喪禮的好處？
	預約喪禮的具體做法有哪些？
	對生前契約的瞭解和接受度？
	往生互助會的瞭解和討論
死後的世界——你相信死後有靈魂嗎？	從一般託夢經驗談靈魂
	從瀕死經驗談靈魂
	從輪迴觀念／前世今生談靈魂
	從實際生活經驗中談死後生命
我們的死亡教育……	傳統的死亡教育是什麼？
	現代的死亡教育和以前有何不同？
	死亡教育的影響
	死亡教育能不能不一樣？
	我們的死亡教育問題與需求

天災人禍／意外對我們的衝擊	意外死亡對我們的衝擊
	意外死亡與因果報應觀念
	親人意外死亡的悲傷療癒
	我們對死亡的既定及刻板印象
當毛孩寶貝離開我們時……	寵物在家庭的角色與地位改變了？
	面對寵物的生老病死……
	寵物的臨終關懷與作法為何？
	寵物死後該如何處理？
	寵物過世後的悲傷療癒……

目錄

1 死亡面對篇

　　面對死亡，大多數人選擇「不聽、不說、不看」的逃避方式，但既然是逃避不了的事，不如正向面對，學習勇敢承擔。

　　表面上，「死亡面對」是碰觸一個人臨終、瀕死和死亡的種種情境，其實並不全然。「死亡面對」更重要的是讓人思考並學會「如何好好活著」。

　　一個經常會意識到「死亡」這件事的人，因為知道生命有限，自然會「珍惜生命」、「把握當下」，正如有過瀕死體驗及接受過前世回溯療法的人，面對死亡的態度會比一般人正向許多。

　　本篇提供死亡態度量表，讓大家檢測自己面對死亡的態度；提供檢視第一次想到死亡是什麼時間的記錄表；提供如何與家人談死亡的技巧、案例Ｑ＆Ａ；以及提供自我實現、及時行孝、及時道愛等的珍愛生命記錄表；同時提供預立遺囑的方式、範本；提供繼承的基本常識，提醒大家活在當下，把握有限人生！

檢測自己的死亡態度

根據自己真實的感受與想法回答以下20題，同意請勾
「是」；不同意請勾「否」；將自己勾選「否」的答案加起
來，一題一分，即為得分。細細檢視自己的死亡態度，想想
自己對死亡是坦然正向，抑或偏向恐懼負面。

1.是不是常常想到自己可能死亡？
　　□是　□否
2.會不會常擔心自己發生意外死亡？
　　□是　□否
3.晚上若做了夢見死亡的夢，隔天起床會感到困擾？
　　□是　□否
4.很在意死亡的年紀，認為至少要超過八九十歲以上才
　　是善終？
　　□是　□否
5.不在意死亡年紀但在意死亡方式，例如：生病老死、
　　車禍、癌症等？
　　□是　□否

6.如果可能，希望自己能決定死亡方式、死亡時間和死
亡地點？

□是 □否

7.會不會刻意避過殯儀館、墓園或辦喪事的地方？

□是 □否

8.對於有人過世或鬧過鬼的房子會特別避諱或覺得恐怖
嗎？

□是 □否

9.相不相信觀落陰、遊地府等可以讓活著的人和死者談
話的民間信仰？

□是 □否

10.若觸犯了某些死亡忌禁，會覺得不安嗎？

□是 □否

11.聽到人死後會下地獄或被審判會不會感到擔憂或焦
慮？

□是 □否

12.聽到或面對親友臨終、過世、辦喪禮會不會感到恐
懼不安？

□是 □否

13.會害怕接近殯儀館人員以及從事殯葬禮儀等人員
　　嗎？

　　□是　□否

14.參加喪禮後瞻仰儀容或觸摸大體會感到恐懼嗎？

　　□是　□否

15.對解剖屍體、捐贈器官或大體，會強烈反對嗎？

　　□是　□否

16.搭乘飛機或汽機車駕駛開快一點，會想到死亡或恐
　　懼焦慮嗎？

　　□是　□否

17.如果生命已到末期，會反對放棄不必要的急救嗎？

　　□是　□否

18.如果生命已到末期，會希望醫師不要告知自己嗎？

　　□是　□否

19.如果生命已到末期，會反對接受安寧療護嗎？

　　□是　□否

20.如果親友得了重病，所剩日子不多，你覺得該對他
　　隱匿病情嗎？

　　□是　□否

計分方式

0-7分　　易受驚嚇：提到死亡或想到自己將死就無法承受
　　　　　打擊，並感到恐懼、無安全感。

8-11分　　神經質：想到死亡及瀕死問題時，無法隱藏內心
　　　　　的擔憂及焦慮感。

12-14分　稍顯焦慮：討論與死亡有關主題時，外在表現自
　　　　　在，企圖裝沒事，以玩笑隱藏內在情緒。

15-17分　鎮定面對：在任何與死亡有關的情境中，能夠自
　　　　　我控制，表現出鎮定的情緒。

18-20分　泰然自若：在所有涉及死亡及瀕死的情境中，都
　　　　　表現得坦然冷靜。

想一想：為什麼對死亡感到恐懼？

・是因為放不下？

・是因為不知道死後會去哪裡？

・擔心不能痛快的死？拖很久？死不了？

・還是因為欲求很多不想死？

・很多事未完成，不甘心？

・責任未了不能走？

檢視第一次想到死亡是什麼時候？

說明：請檢視這輩子到目前為止，第一次想到死亡這件事是什麼時候？是在幼稚園時？或是小學時？或是國中時？或是其他階段？或是從來都沒想過？當時發生了什麼事？或是什麼原因想到死亡之事？自此後，你的死亡態度是否便形成，並影響你至今？藉由記錄、回顧、思考，細細檢視自己對死亡的認知與態度。

自我感想與省思：

_____

_____

_____

_____

_____

_____

_____

與家人談論死亡的方式與技巧

利用機會與家人談論死亡

1. 把握死亡新聞事件和家人討論死亡問題。

2. 當長輩主動談到身後或死亡問題時應把握機會聆聽，切莫打斷、避談。

3. 平日盡量利用機會建立能談論生死話題的溝通模式。

4. 可藉由四時和大自然美景變化談論死亡的自然性。

5. 利用探病機會與家人談論死亡議題、臨終準備、臨終關懷與陪伴等。

6. 利用參加告別式機會與家人談論身後事及喪禮種種。

7. 參加生死相關講座或活動後，將心得與收穫與家人分享。

8. 邀請家人參加生死議題相關講座或活動，回家後彼此分享參加心得。

與家人談論死亡的技巧

1. 自己先建立真誠、正向、坦然、尊重、關懷之面對死亡態度，才能與家人好好談論死亡。

2. 與家人談論死亡議題時切莫輕佻、隨便、或用懼怕之口吻。

3. 與孩童談論死亡時不迴避、坦誠，並引導其學習關懷、尊重生命。

4. 與長輩談論死亡時，讓其充分表達內心想法與希望做法。

5. 當家人談到對死亡的感覺時，用關懷的態度引導其完整說出，多聆聽、表達同理，適度的給予心理支持與回饋。

6. 親友過世後，可安排聚會，讓家人或朋友輪流表達這段時間的感觸與悲傷經驗，談論死亡相關議題，凝聚親友感情，並發揮家庭或親友支持力量。

Ｑ＆Ａ示範

家人甲（媽媽）：今天參加恁阿姑的告別式，辦得很莊
　　　　　　　　嚴、很圓滿。

家人乙（女兒）：媽，阿姑生前有交代嗎？談談她的喪
　　　　　　　　禮的情況，好嗎？

家人甲：聽說有交代……恁表哥他們決定……

家人乙：媽，阿姑是很樂觀的人，她老人家臨終前有跟
　　　　您談什麼嗎？她的醫療情況？或她有什麼感想
　　　　或放不下的事？

家人甲：她過世前我有去看她，她……

家人乙：媽，您說阿姑是接受安寧照護，您對安寧照護
　　　　的感覺是怎樣？

家人甲：我覺得還不錯……

家人乙：媽，阿姑的喪禮花多少錢？您有什麼看法？

家人甲：雖然辦得不錯，但是……，我百歲年老後你們
　　　　就……

家人乙：（把握機會讓媽媽說出對喪禮的具體想法）所
　　　　以您以後想……（怎麼做）是嗎？您為什麼想
　　　　這麼做呢？（或是誇讚並肯定老人家）哇，您
　　　　的想法好先進、好開明哦！或是您好棒哦，有
　　　　坦然正向的死亡觀念。

「圓夢要趁早」自我實現清單

說明：生命有限，活在當下是很重要的事。建議每隔一段時間就應省思生命現狀，一一列出自己想為自己或家人實現的心願，省思自己的生命意義是什麼，自己最想做卻還沒做的是什麼？想想當下生命中自己最重視或想要珍惜的人、事、物為何？不斷提醒自己：「圓夢要趁早！」

編號	最想／應該做的事是什麼？	現在可不可能實現？為什麼？
1		
2		
3		

4		
5		
6		
7		
8		
9		
10		

「see your folks」親情計算題

說明：藉由「see your folks」（探視雙親）計算活動，提醒自己珍惜與家人相處的時光，並懂得珍惜當下。請計算在剩下來的時光還能與父母／子女／長輩／親友相處的時光有多少？並以平均壽命80歲計算，看看自己還能見家人幾次。舉例來說，如果父母都住在國內、年齡70歲，你平均每天都會探望他們，那麼你還能見他們的次數為3650次。如果改每週探望1次，可能剩520次，改每月1次，剩120次，改每年1次就只剩10次（見1次就少1次）。算完後，再想想：每一次你又與他們相處多久時間？講了多少話？談話的內容與品質如何？別忘了隨時提醒自己：行孝要及時！愛更要及時！

自我檢視：

1.還能探望爸爸／媽媽的時間計算：

_____

2.還能與子女相處的時間計算：

_____

3.還能探望祖父母／其他長輩的時間計算：

_____

4.還能與其他重要親人相處的時間計算：

自我感想與省思：

大方說出「我愛你」、「謝謝你」、「對不起」

說明：很多人都知道臨終前要做「四道」，其實，不一定都能來得及表達，為免遺憾，我們應養成「及時表白」的習慣，及時向親友說出心中的愛和感謝，盡情表達自己對他們的情感，反思家人對自己的付出與關愛，學習感恩並珍惜感情。找適當機會向祖父母、爸爸、媽媽、兄弟姐妹和子女們說出：「我愛你」、「謝謝你」、「我想念你」「對不起」等感謝或關懷的話語，記錄自己心裡的感覺、家人的反應以及回饋，你會有不同的收穫哦！建議經常提醒自己：道愛要及時、道謝及道歉要趁早！

感想與省思：

預立遺囑方式

一、民法規定之遺囑有5種，包括：自書遺囑、公證遺囑、
    密封遺囑、代筆遺囑、口授遺囑，只要年滿16歲並且未
    被法院宣告禁治產者，都可以預立遺囑。

二、遺囑需聲明是出於自己的意願，在立遺囑人死亡時才發
    生效力。遺囑亦可隨時變更或撤回（建議應定期審視遺
    囑，若有必要適度修正），前後遺囑相互牴觸時，以最
    後所立的遺囑為依據。

三、「自書遺囑」遺囑人必須親筆書寫遺囑全文（不得以打
    字或影印取代），並記明年、月、日，且必須親自簽
    名。若有增減、塗改，應註明增減、塗改之處及字數，
    並另行簽名。

四、如果立遺囑人擔心遺囑寫完之後，多人執行橫生枝節，
    或獨身者無人執行之情況，可以指定遺囑執行人，或書
    寫「遺囑執行人指定書」。

方式	做法	備註
自書遺囑	自書遺囑全文，記明年、月、日，並親自簽名。如有塗改之處，要另行簽名。	1.不能代寫。 2.不能打字。 3.親自簽名。
公證遺囑	指定2人以上之見證人，在公證人前口述，由公證人筆記、宣讀、講解，並記明年、月、日，由公證人、見證人及遺囑人簽名。遺囑人不能簽名者按指印代之。	1. 2名以上見證人。 2.要有公證人(或書記官代之)。 3.全部簽名。
密封遺囑	於遺囑上簽名後，將其密封，於封縫處簽名，指定2人以上之見證人，向公證人提出。如非本人自寫則由公證人於封面記明後，與遺囑人、見證人同行簽名。	1. 2名以上見證人。 2.要有公證人。 3.全部簽名。 4.法院公證處開封或親屬會議開封。

代筆遺囑	遺囑人指定3人以上之見證人，由遺囑人口述遺囑意旨，使見證人中之一人筆記、宣讀、講解，經遺囑人認可後，記明年、月、日及代筆人之姓名，由見證人全體及遺囑人同行簽名。遺囑人不能簽名者，應按指印代之。	1. 3名見證人。 2.全部簽名。
口授遺囑	1.指定2名見證人，一人書寫，全部簽名。 2.指定2名見證人，錄音後當場密封並簽名。	1. 2名以上見證人。 2.全部簽名。

自書遺囑參考格式

遺囑
立遺囑人〇〇〇，民國〇〇年〇月〇日生，身分證字號：A123456789。本人依法定立本遺囑，各繼承人均應遵守，內容如下：

一、醫囑的預立

（一）要不要接受安寧療護。

（二）要不要放棄急救。

（三）要不要捐贈大體。

（四）要不要捐贈器官。

二、財產的分配

（一）不動產。

（二）動產。

（三）書籍。

（四）珍藏物。

（五）寵物。

三、告別的做法

（一）我的遺容。

（二）我的陪葬品。

（三）宗教儀式。

（四）喪禮交代〇〇辦理。

（五）遺像。

（六）訃聞。

（七）參加喪禮名單。

（八）要不要收奠儀。

（九）告別會場的布置。

（十）罐頭塔、輓額等。

（十一）告別儀式的方式：

　　　　1.家奠。

　　　　2.生平回憶錄播放。

　　　　3.公奠。

　　　　4.瞻仰儀容。

（十二）告別儀式的音樂。

（十三）埋葬的方式。

（十四）後人紀念方式。

四、內心的話

（一）再見：向家人道別。

（二）謝謝：向親友及醫療團隊道謝。

（三）抱歉：向親友表達歉意。

（四）道愛：向親友表達情感。

立遺囑人：○○○（親筆簽名）

中華民國○○○年○月○日

有關繼承基本常識

誰有繼承權？

遺產之繼承，有「遺囑繼承」與「法定繼承」。倘被繼承人於生前立有遺囑，則應依遺囑內容之意思表示，決定繼承人及繼承比例（惟不能侵害特留分）。若被繼承人生前未立有遺囑，則應依民法相關規定，決定誰有繼承權及其應繼分。遺產繼承人，除配偶外，依下列順序定之：一、直系血親卑親屬；二、父母；三、兄弟姊妹；四、祖父母。

認識應繼分

所謂「應繼分」，就是繼承人繼承遺產時的遺產（含權利與義務）繼承比例。應繼分須視繼承人之多寡及順序分別認定。遺產繼承人，除配偶外，依下列順序定之：一、直系血親卑親屬；二、父母；三、兄弟姊妹；四、祖父母。同一順序之繼承人有數人時，按人數平均繼承。

父或母死亡，所留遺產由子女和被繼承人之配偶平均繼承。即父親死亡，則子女與母親均分遺產；若母親死亡，則子女與父親均分遺產；若父母親都已死亡，則由子女們共同均分遺產。

配偶為當然繼承人之一。倘被繼承人有子女，則其配偶與子女(無論是親生與否或是收養)均分遺產；若被繼承人沒有子女，則與配偶之父母同為繼承，惟應繼分為遺產二分之一，所餘遺產二分之一由配偶之父母繼承；若被繼承人沒有子女，也無父母，則與配偶之兄弟姊妹同為繼承，惟應繼分為遺產二分之一，所餘遺產二分之一由配偶之兄弟姊妹平均繼承。

認識特留分

所謂「特留分」，就是繼承人繼承遺產最低限度的法定應繼分，為法律賦予繼承人享有遺產繼承權利的最低保障。 特留分不受被繼承人之遺囑或遺贈之侵害。也就是說，若一個人獲有繼承權時，任何人（包括留遺產者）都不能剝奪其法律給予之特留分。例如父親雖立有遺囑不留遺產給某一個兒子或女兒，但該兒子或女兒仍得繼承遺產的特留分。 繼承人之特留分，依下列各款之規定：

一、直系血親卑親屬之特留分，為其應繼分二分之一。

二、父母之特留分，為其應繼分二分之一。

三、配偶之特留分，為其應繼分二分之一。

四、兄弟姊妹之特留分，為其應繼分三分之一。

五、祖父母之特留分，為其應繼分三分之一。

拋棄繼承

繼承人於知悉其得繼承之時起三個月內，若不願繼承被繼承人之遺產，或確知被繼承人的債務大於財產時，得檢具相關書面資料，向被繼承人死亡時其戶籍所在地之法院，辦理聲請拋棄繼承，表示不要繼承被繼承人遺留下來的全部財產（包含權利與義務）。

2 死亡教育篇

　　死亡教育其實很重要，國內外許多研究證實，接受過死亡教育的人，會比未接受過死亡教育者更能坦然面對死亡，較能自在的和別人討論死亡，也更懂得珍愛生命與關懷他人，並且活在當下。

　　死亡教育無論對象，原則就是期望任何人都能坦誠面對死亡，不逃避、不閃躲；再者是願意學習和接觸相關的常識（如預立遺囑、臨終關懷實務與技巧、身後事與喪禮、喪親失落與悲傷等）；並且將死亡的知識應用到生活中，讓自己和身旁親友的生命無憾、更圓滿。

　　本篇引導大家思考自己家庭的死亡教育；思考孩童死亡教育以及提供死亡教育的正確作法；提供銀髮死亡教育及實務作為；提供家庭、學校及社區死亡教育原則，坦然面對死亡。

想一想：
你的家庭的死亡教育是怎樣的？

不說？
- 死亡是禁忌
- 講了會被罵
- 大家都儘量不談

會說？
- 可以談一點
- 毫無禁忌暢談或開玩笑
- 長輩開放談論
- 十分重視死亡教育

不看？
- 躲避喪宅和殯儀館
- 儘量不到醫院探病
- 儘量不參加告別式

會看？
- 不避諱到喪宅和殯儀館
- 不避諱到醫院探病
- 不避諱參加告別式

不聽？
- 儘量避免討論談死
- 禁止家人提死
- 不想聽到別人說

會聽？
- 完全不忌諱聽他人談死
- 願意聆聽別人談死
- 會主動與親友談論分享

孩童的死亡教育

一般的教育方式

- 認為孩子不懂死亡，講了無益。
- 怕孩子傷悲難過而選擇隱瞞。
- 保護孩子，不讓孩子知道死亡。

造成影響

- 從小教孩子「逃避」死亡。
- 孩子長大不願面對死亡。
- 孩子長大無法承擔生命失落。
- 孩子小時候的喪親失落被壓抑。

第一次想到死亡的年紀

- 根據研究，大多數的人想到死亡的年齡約9-10歲。
- 不少孩子第一次想到死亡的時間是在幼兒、國小或國中階段。

造成影響

- 家庭不談死亡，會讓孩子產生負面的生死觀念與態度。
- 孩子想到死亡時未向家人說出，他們是怎麼想的？內心是否很孤單？很恐懼？
- 錯失了最佳的生死教育機會。

兒童死亡教育的目的

- 讓孩子誠實地接受「壞消息」。
- 正確的認識死亡。
- 教孩子真誠的面對悲痛情感，釋放情緒。
- 提高抗挫折能力。
- 樹立健康的人生態度。
- 讓孩子們正向地學習「面對與承擔」。
- 學習感恩和珍惜。

當死亡事件發生時，該怎麼做

- 應坦承告知孩子身邊親友的真實病情及死亡訊息。
- 家長應有效掌握臨終或死亡的機會教育。
- 讓孩子真誠地面對，毫不隱瞞，並觀察孩子的身心變化。
- 讓孩子有機會參與關懷病人、參加葬禮，正向面對並學習承擔。
- 正面回答及滿足孩子所有對死亡的疑問，毫不迴避。
- 喪禮後用愛陪伴孩子抒發悲傷情感，凝聚感情，共同走過悲傷。

給家長的死亡教育小叮嚀

小叮嚀一：孩子若與家長談到相關生死議題，建議家長能以坦然、正向的態度和孩子討論，千萬不要迴避或拒談，有家長的陪伴和討論，絕對有助於孩子對死亡的正向認知。

小叮嚀二：若孩子們談及曾經飼養的寵物或長輩親人的死亡經驗，建議家長能清楚明瞭地向孩子說明「死亡，就是永遠不會回來，不管我們多麼傷痛，也改變不了這件事。」讓孩子正向地學習「面對與承擔」。因為未來孩子勢必得面對死亡這件事。

小叮嚀三：建議家長能帶孩子通過各種方式來紀念逝去的寵物或長輩親人，甚至可以安排一個特殊的時間，把大家聚在一起，回憶曾經的點滴，讓孩子在這個過程中學會忘卻與珍藏。

小叮嚀四：若孩子有經歷喪親經驗，建議家長應與學校老師保持連絡，確保孩子的情緒能得到特別溫暖、關懷與及時的照顧。

小叮嚀五：若孩子有相關的經驗，並且有悲傷的反應時，建議家長可以跟孩子一起悲傷。孩子想哭就陪他哭；孩子想畫圖就陪他畫圖；孩子想聽音樂就陪他聽音樂；孩子想寫小卡片就陪他寫追思卡片，並請告訴孩子：死亡是難以避免的事情，悲傷是很正常的表現，哭泣也是很健康的情緒表現，但生活中還擁有更多的東西，我們要感恩並珍惜，然後繼續前行。

生死名言

　　蘋果手機創辦人之一賈伯斯（Steve Jobs）曾說：「提醒自己快死了，是我做重大決定時最重要的工具。幾乎每件事，所有外界期望、所有名譽、所有對困窘或失敗的恐懼，在面對死亡時，全消失了，只有最重要的東西才會留下。」正向面對死亡，是活出精彩生命的最好方法，由於意識到生命的「真相」，所以人們會自然地順心而為，活在當下。

長輩的死亡教育

老人面對死亡的態度

- 大多數老年人並不恐懼或焦慮死亡。
- 老年人已覺察自己生命有限。
- 意識到自己已公平地享受過生命各個階段。
- 認知到人生使命已逐漸達成。
- 隨著身體的衰弱,生命再繼續延長亦無意義。
- 若有生病或依賴生活的家人,以及尚有事情未完成的老人,對生命的延續及死亡的關切度就比一般老人高。
- 對死後世界,老人們多認為無法確定,但仍有憧憬。
- 患病的老人多不懼怕死亡,反倒更擔憂和恐懼緩慢、痛苦和孤單的瀕死過程。

老人死亡教育的目的

- 有效幫助老人家思考及瞭解生命與死亡的意義。
- 一生的生命回顧與自我完成。
- 提升老年及臨終生命的品質與尊嚴。
- 提供有關疾病、臨終關懷、安寧緩和醫療、生命末期放棄不必要急救決定、器官與大體捐贈等相關訊息。
- 提供有關身後事的具體做法,協助做好身後事的準備。
- 鼓勵老人活在當下,多做社會回饋與服務,活出意義來。

如何和長輩談死亡

他們交代身後事時千萬不要打斷。

看到新聞報導死亡事件時談一下。

儘量聆聽他們的想法並表達同理。

談到別人死亡經驗時順勢聊起。

用很誠懇的態度向他們請益。

長輩不想談或避諱談則間接引導。

利用參加親友告別式時趁機談談。

當長輩談到時要給予鼓勵和肯定。

多觀察他對其他死亡事件的態度。

家庭死亡教育原則

（一）掌握一致性。

（二）把握隨機性。

（三）讓家庭成員有現實參與感。

（四）開展情感聯繫。

（五）做好死亡準備。

（六）長輩交代身後事時，子孫們不要阻止。

（七）引導生命有限，當珍惜當下，好好過活。

學校死亡教育原則

（一）掌握坦誠原則。

（二）利用特色教材，如遊戲、繪本、情境引導等。

（三）重視情感教育。

（四）加強孩子現實參與感。

（五）注意不同群體的死亡教育內容宜調整。

社區死亡教育原則

（一）利用社區內的公共活動空間，定期或不定期舉辦相關講座，如：身後事預囑、如何走出喪親失落悲傷、一般人可以做的臨終關懷、安寧宣導講座等等。

（二）結合定期或不定期的醫護健檢活動，提供死亡教育之相關資訊。

（三）進行老人關懷和居家服務時，提供相關死亡教育之相關資訊。

（四）社區內有重大的死亡事件或意外時，相關的社團、組織或單位，舉辦活動，藉以聯絡社區居民感情，同時進行死亡機會教育。

生死佳句

　　起初，我想進大學；

　　隨後，我巴不得趕快大
學畢業開始工作；

　　接著，我又很想結婚、
想有小孩；

　　再來，我又巴望小孩快點長大去上學，好讓我回
去上班；

　　之後，我每天想退休想得要死；

　　現在，我真的快死了……，

　　忽然間，我明白自己一直忘了真正去活。

　　～無名氏，引自《活在當下》，芭芭拉‧安吉麗
思著，黎雅麗譯。

3 臨終關懷篇

　　無論對臨終者或家屬，生命最後階段都是極為重要的，一定要格外珍惜，一旦錯失良機，易造成莫大遺憾。

　　對臨終者來說，生命的最後，身、心、靈的被照護和陪伴與關懷，是需要細膩、貼心和有尊嚴的；而最後階段有沒有完成此生生命回顧、有沒有找到生命的意義感、有沒有完成自我價值實現、宗教信仰實踐，以及是否完成四道、恩怨和解及臨終遺願，均至為重要。

　　對家屬來說，很多想說的話有沒有說？內心情感有沒有表達？該給予的照護與陪伴有沒有做到？臨終者的生命有沒有圓滿？自己什麼做到了，什麼又沒做好？不但是當務之急，沒有盡心盡力做到，未來可能造成許多遺憾，並加深悲傷，亦不可忽略。

　　如果病人在生命末期臨終階段，我們能給予最高的尊重，擁有高度的生命自主權，能協助其完成人生回顧，達成其生命未竟之事，促成其人際圓滿和解，實踐宗教理念或個人信仰，則其生命必然能達到真正圓滿，而家屬同樣也能安心和無憾。

本篇提供「生命留言板」引導個人完成生命回顧；提供「臨終遺願」清單記錄表、大體捐贈、器官捐贈、接受安寧緩和醫療照護、放棄不必要急救意願書；提供臨終生理需求照護資訊、臨終心理需求關懷資訊、靈性需求關懷資訊；以及提供瀕死時刻陪伴實務技巧及探望臨終病人該注意事項等，提醒大家把握最後寶貴時間，創造生命最後美麗的溫馨回憶！

生命留言板

個人特色與專長	
生　　日	年　月　日（農曆　年　月　日　時）
出 生 地	
興　　趣	
專　　長	
個　　性	
宗教信仰	
喜愛食物	
喜愛運動	
喜愛花木	
喜愛書籍	
喜愛音樂	

這一生求學經歷回顧			
學校名稱	時間／地點	難忘的人事物	想做的事或想說的話

這一生就業經歷回顧			
公司名稱	時間／地點	難忘的人事物	想做的事或想說的話

這一生成長經歷回顧			
發生時間	發生地點	難忘的人事物	想做的事或想說的話

生命中重要的事件			
發生時間	發生地點	難忘的人事物	想做的事或想說的話

愛情與婚姻回顧			
姓名	交往過程	難忘點滴	想做的事或想說的話
姓名	婚禮回憶	難忘點滴	想做的事或想說的話
家庭與親友情感			
姓名	互動情形	難忘點滴	想做的事或想說的話
姓名	互動情形	難忘點滴	想做的事或想說的話
宗教與信仰			
宗教	參與情形	對自己的影響	想做的事或想說的話
信仰	內容說明	對自己的影響	想做的事或想說的話
飼養寵物回憶			
寵物名字	飼養時間／地點	難忘點滴	想做的事或想說的話
寵物名字	飼養時間／地點	難忘點滴	想做的事或想說的話
想感謝的人			
姓名	與自己的關係	感念的事	想做的事或想說的話
姓名	與自己的關係	感念的事	想做的事或想說的話

想道愛的人			
姓名	與自己的關係	感念的事	想做的事或想說的話
姓名	與自己的關係	感念的事	想做的事或想說的話
想表達內心歉意的人			
姓名	與自己的關係	感念的事	想做的事或想說的話
姓名	與自己的關係	感念的事	想做的事或想說的話
想和解的人或事			
姓名	與自己的關係	感念的事	想做的事或想說的話
姓名	與自己的關係	感念的事	想做的事或想說的話
想道別的人			
姓名	與自己的關係	感念的事	想做的事或想說的話
姓名	與自己的關係	感念的事	想做的事或想說的話

器官與大體捐贈

器官捐贈應注意事項

器官捐贈指的是當人腦死之際，願無償將自己身上良好的器官或組織，捐贈給器官衰竭急需器官移植的患者，讓他們能夠延續生命。器官捐贈的範圍包括組織捐贈和器官捐贈，決定因素在於捐贈者的生理年齡，而不是實際年齡。過去器官捐贈的年齡標準上限是75歲，但也有個案80歲以上仍能捐器官。

欲捐贈者可以簽署器官捐贈同意卡，並隨身攜帶。簽署的器官捐贈同意書，可依人體器官移植條例第六條規定，加註於健保卡，並掃描存檔於「衛生福利部安寧療護及器官捐贈意願資訊系統」；表達之器官捐贈意願，可隨時查詢或撤回。如欲查詢或撤回該意願，可聯絡「衛生福利部安寧療護及器官捐贈意願資料處理小組」單位協助處理，電話：02-23582186。

一般來說，只有在腦死的狀況下，才得施行器官捐贈（腦死占所有死亡人數的1%）。現行法律規定，除了捐贈者本身的意願外，也要取得兩位捐贈者家屬的同意書，才可以進行器官捐贈。

一般來說，器官捐贈者的條件評估如下：1.符合腦死條件而器官功能正常；2.無惡性腫瘤病史；3.無愛滋病病史；4.無明顯敗血症；5.無長時間（15分鐘以上）低血壓、休克或無心跳；6.無明顯肝病史或肝損傷(非絕對)；7.無長期控制不良的心臟血管疾病、高血壓或糖尿病、無心臟畸型之病史（非絕對）；8.肺臟捐贈者必須胸部X光清晰；無明顯胸部外傷、胸腔手術之病史；9.年齡60歲以下者（非絕對）。

申請器官捐贈可以直接上中華民國器官捐贈協會網站，簽署器官捐贈同意卡，器官捐贈同意卡就會直接寄到府；也可以將器官捐贈同意書寄到10683 台北市大安區信義路四段26號3樓之1社團法人中華民國器官捐贈協會收，電話：02-27025150。

大體捐贈應注意事項

大體捐贈指的是在個人過世前或後，由捐贈者或家屬簽屬捐贈同意書，同意捐贈遺體供醫學院教學用。

遺體捐贈的條件限制：需要親屬同意才可以捐贈。親屬順序如下：配偶、子女、父母、兄弟姊妹；曾經做過器官摘除或動過手術者，不適合捐贈；必須是16歲以上自然死亡或病故者。

捐贈者如果發生意外死亡，腦死判定後可以做器官捐贈，大體捐贈則是死亡或病故後才做捐贈，所以簽署兩項捐贈書是不衝突的。一般器官移植後傷口無法癒合，不能作防腐，故不能再做教學解剖。

一般防腐至少需要一年以上，才可做教學解剖，大體從防腐措施到教學結束、火化、安奉骨灰需要二年以上時間。

捐贈意願囑咐

☐我已簽署器官捐贈，身後器官功能良好，願供有緣人移植。

☐我尚未簽署器官捐贈，身後器官若功能良好，請家屬轉供有緣人移植。

☐我已辦理遺體捐贈供醫學教學研究使用。

☐我希望保持完整體膚，安詳辭世。

器官捐贈同意書

　　本人瞭解醫療有其極限，而愛心可以延續，經閱讀、知悉下列說明後，願意簽署器官捐贈同意書，並將此意願註記於健保卡，於生命之盡頭捐贈可用器官，讓其他需要的病人能因此獲得重生機會。

簽署人：

簽署日期：民國　　　年　　　月　　　日

國民身分證統一編號：

出生日期：民國　　　年　　　月　　　日

聯絡電話：

聯絡地址：

法定代理人姓名及國民身分證統一編號（簽署人未滿20歲須由法定代理人書寫）

聯絡電話：

聯絡地址：

願意捐贈器官（組織）項目：（可複選）

□全部捐贈；□心臟；□肺臟；□肝臟；

□胰臟；□腎臟□小腸；□眼角膜；□皮膚；

□骨骼；□心瓣膜；□血管

簽署的原因：

給家人的話：

本人 □希望 □不希望 獲得器官捐贈同意卡。

（如未勾選，視同「不希望」）

卡號：

預立安寧緩和醫療
暨維生醫療抉擇意願書

　　本人　　　　　　　　　（正楷簽名）若罹患嚴重傷病，經醫師診斷認為不可治癒，且有醫學上之證據，近期內病程進行至死亡已屬不可避免時，特依安寧緩和醫療條例第四條、第五條及第七條第一項第二款所賦予之權利，作以下之抉擇：（請勾選 ☑）

☐接受安寧緩和醫療

☐接受不施行心肺復甦術

☐接受不施行維生醫療

☐同意將上述意願加註於本人之全民健保憑證
　（健保IC卡）內

◎簽署人：　　　　　　　　　　　　　（正楷簽名）

國民身分證統一編號：

住（居）所：電話：

出生年月日：中華民國　　年　　月　　日

　　☐是☐否年滿二十歲（簽署人為成年人或未年滿二十歲之末期病人，得依安寧緩和醫療條例第四條第一項、第五條第一項及第七條第一項第二款之規定，立意願書選擇安寧緩和醫療或作維生醫療。）

◎在場見證人（一）：　　　　　　　（正楷簽名）

國民身分證統一編號：

住（居）所：電話：

出生年月日：中華民國　　年　　月　　日

◎在場見證人（二）：　　　　　　　（正楷簽名）

國民身分證統一編號：

住（居）所：電話：

出生年月日：中華民國　　年　　月　　日

簽署日期：中華民國　　年　　月　　日（必填）

◎法定代理人：（簽署人未成年方須填寫）

簽名：

國民身分證統一編號：

住（居）所：電話：

出生年月日：中華民國　　年　　月　　日

◎醫療委任代理人：（簽署人為醫療委任代理人方須填寫並應檢附醫療委任代理人委任書）

簽名：

國民身分證統一編號：

住（居）所：電話：

出生年月日：中華民國　　年　　月　　日

臨終遺願清單

在生命只剩最後一段時間，可以為自己製作一份「遺願清
單」，列出臨終前想為自己和家人實現的心願，再一一的逐
步實現，做自己最想做的事，做讓自己此生不會遺憾的事。
在生命的最後，活出生命意義來，也留下讓自己和家人一輩
子都懷念不已的事，把握生命最後美麗的回憶。

項次	最想做的事	實現計畫	完成備註
1			□完成 □未完成
2			□完成 □未完成
3			□完成 □未完成
4			□完成 □未完成
5			□完成 □未完成

探望臨終病人該注意的事

很多人不知道探望臨終病人時該說什麼、做什麼或表達些什麼，探望時心中有很多話想說，但唯恐說錯話或說了不得體的話，想適度表達情感，又掌握不住分際。

以下提供探望臨終病人應注意的事項：

1.徵得同意才探病，別太打擾，多讓病人安靜休息。

2.病人不想說話或無法說話時，只要安靜地陪伴即可。

3.耐心地傾聽，給予溫暖、尊重、體貼和最大的同理心。

4.切忌在病人面前抱怨或討論生活及工作瑣事。

5.給予溫暖的握手互動和祝福話語。

6.別說「很快就好」等無益之安慰話。

7.探望時間不宜過久。

8.告訴他：「有什麼需要我幫忙的嗎？我很樂意做。」

9.別藉機傳教或灌輸自己的價值觀。

10.適度表達你對他真誠的關愛和祝福。

臨終病人的生理照護需求與陪伴技巧

生活與身體照護原則

1. 環境布置宜溫馨、敞亮、舒適，並有足夠空間讓家屬與病人互動。
2. 病床周邊布置及物品擺設，宜讓病人感覺高度自主性，覺得有尊嚴。
3. 病房內燈光宜柔和、音樂或說話聲宜輕柔，避免刺眼或大聲。
4. 病人照護應以舒適、尊重、安心和信任為基礎。
5. 尊重病人的醫療自主權和對生命的決定。
6. 注意病人的個別需求差異，並儘量滿足生活及口腹需要。
7. 將疼痛及不適症狀控制到最佳狀態，保持病人身體舒適感。
8. 隨著病況發展，把握最後臨終關懷與道別互動機會。

臨終症狀與照護方式	
睡眠時間越來越長不易叫醒	病人越來越有倦怠、虛弱無力之感，不要勉強叫醒病人，盡量在病患清醒時陪伴或給予適度關懷。

沒有食慾	不要勉強病人進食，可以視情況逐漸減少食物，或以棉棒濕潤口腔，或每隔一段時間擦護脣膏保持脣部潤滑。
人事時地物混淆不清	溫馨提醒病人身處時間、地點及何人陪伴，盡量安排熟悉或喜愛的人事物，讓病患感到安心、舒服。
瞻妄和躁動不安	病人有不切實的幻覺時，不需予以否定，溫柔且有耐心的和他對話，可以被子、枕頭或床單護住床欄，避免碰撞淤傷。
手腳冷冰、身體靠床側膚色漸深	可以毛毯為病患保暖，定時翻身，或將手腳溫柔的移動或按摩，增加病人舒適度。
視力和聽力改變	布置柔和的燈光，閱讀或說話輕柔，保持病人舒適感。
大、小便失禁尿液顏色改變	使用集尿袋、尿管、尿布或看護墊保持病患清潔與舒適感。 病人表現煩躁或有大量尿液時可插導尿管引流出儲留尿液。

死前喉音	每15至20分幫病人翻身並使其側臥或將床頭抬高；亦可視情況使用抑制呼吸道分泌物的藥物治療，確保病人舒適。
臨終脫水	視情況逐漸減少或停止靜脈點滴，讓病人稍微脫水，以減輕病人身體負擔，同時避免水腫。
張口費力呼吸速度較快	此為臨終普遍現象，病患通常不會因此感覺痛苦，可將床頭搖高或用枕頭把頭墊高。
疼痛不適	給予病患止痛藥，或按摩其身體疼痛部位，幫助放鬆，例如精油指壓按摩、音樂療法等，保持病患舒適感。
臨死覺知	病人若意識清楚，且有臨死覺知時，家屬應傾聽、瞭解並重視其所交代或想做之事，把握時間完成臨終心願。
死亡症狀出現停止呼吸	人死亡聽覺會最後消失，因此可把握機會將還沒跟病人說的話說完，表達對他的愛與祝福，溫馨道別，讓他安心離世。
眼睛未閉、嘴巴張開	民俗認為眼睛未閉是死不瞑目是迷信。病人最後用力呼吸所致，是正常可能的現象，可用手將眼皮蓋下，或用透氣膠帶貼住上下眼皮；用繃帶或小毛巾抬起並固定下巴。

（資料來源：華都出版公司郭慧娟著《生死學概論》第七章）

臨終病人的心理需求與陪伴技巧

臨終病人的心理與情緒反應

1. 恐懼並拒絕死亡，有時又充滿勇氣面對死亡。

2. 內心感到深度孤寂，需要陪伴與關懷。

3. 感覺絕望、怨天尤人，但時而又充滿希望。

4. 時而討價還價，有時又做好死亡準備。

5. 焦躁不安與易怒，但有時又心情平靜。

6. 不甘心與放不下，但有時又認命。

7. 遺憾或悔恨，希望獲得原諒與救贖。

8. 害怕死亡前的過程。

9. 害怕成為家人負擔。

10. 害怕失去自主能力任人擺布，需要有尊嚴的照護。

11. 沒有確定生命的意義感。

12. 尋求解脫。

13. 希望治癒和延長生命。

14. 心情矛盾、複雜且不斷交錯。

15. 情緒起伏，需要疏導和抒發。

陪伴與關懷原則

1.了解病人的情緒可能隨病情發展有不同反應,深度同理並給予真誠的關心。

2.確切認知病人有個別差異,每個人的心理與情緒反應都不相同。

3.陪伴者勿扮演指導、勸說、企圖影響和改變的角色。

4.讓病人感覺被尊重、能自主、有尊嚴。

5.給病人認知、面對、思考和調適的時間與空間,跟著他的情緒節奏給予陪伴。

6.用最大的耐心、愛心同理病人的情緒與感受。

7.傾聽病人的心聲,並讓他把所有的情緒抒發出來,把想說的話說出來。

8.提供病人充分的臨終與死亡常識或資訊。

臨終心理變化階段與關懷技巧

面對初期	病人剛開始獲知病情時，可能混合出現各種情緒反應，包括恐懼、焦慮、震驚、不相信、憤怒、否認、罪惡感、幽默、希望、絕望、平靜、淡然、討價還價……等，但反應情況因人而異。	1.理解病人的情緒起伏變化。 2.多傾聽、勿想勸導或改變。 3.真實地陪伴病人面對生命即將臨終事實。 4.觀察病人面對死亡的態度。
調整中期	當疾病逐漸惡化或確定生命即將終結時，有的病人已經逐漸面對，有的病人可能感到沮喪與絕望，但情緒同樣起起落落，個別差異很大。	1.理解病人為何沮喪與絕望。 2.病患想說話即同理傾聽，不想說話可安靜陪伴。 3.了解個別差異，不是每個人的心理反應都一樣，細心觀察病人的情緒，才能給予最適切的陪伴。

臨終末期	有的病人逐漸坦然面對即將死亡的事實，開始具體思考準備死亡相關事情，或許交代遺囑、遺言，或許準備身後事等，但每個人心理反應還是不相同。	1.理解病人已逐漸面對死亡或有不同心理。 2.真誠的陪伴病人面對死亡。 3.協助處理病人交代或要求的相關事宜。 4.配合病人的心理，所有能讓他安心和放下的事，應盡力去做，以免牽掛和遺憾。

臨終病人的靈性需求與關懷

臨終病人的靈性需求

1.自我面對與認同。

2.感到放心無牽掛。

3.親友情感的支持。

4.感到良心自在。

5.感到生命有意義。

6.自我價值實現。

7.宗教信仰的實踐。

8.對死亡的接受，並為生命續航作準備。

陪伴與關懷原則

1.理解臨終病人的靈性，有時不一定表現出來，也不一定能用言語表達；靈性的呈顯或需求，可能非常明顯，但也可能完全無法測知。

2.靈性需求並非只有宗教信仰。靈性需求不等於宗教信仰，宗教是靈性需求的一部分，但不是只有宗教才能有靈性啟發。

3.提供病人充分的靈性需求內容與資訊，使其安心，並能更坦然面對死亡。

4.陪伴者勿扮演開導角色，或表現「我比你行」的態度，將自己的價值意識加諸在病人身上，只顧完成自我的價值。

5.家屬及醫護人員宜真誠陪伴，並且告知病情發展，讓病人有掌握感，協助並共同面對死亡。

6.協助病人確實地交代後事、實現想完成的事、以及愛恨情仇恩怨關係處理。

7.協助病人完成生命回顧，了解自己此生的生命意義。

8.讓病人有充分的機會實踐自己的宗教信仰或參與宗教活動，例如：參與入教儀式、拜拜、禱告、禮拜、布施、讀頌經文、誦念佛號、念佛、禪修、彌撒、抄寫經文等。

9.靈性陪伴是一種內在的體驗，陪伴者宜對病人的生命現況有深度的共感。

10.陪伴者要能真誠、謙卑、接受並同理也與病人產生生命的對話與締結。

臨終靈性具體關懷做法	
完成生命回顧	協助病人完成此生生命回顧,如前生命留言板內容事項。
完成四道	協助病人完成道謝、道愛、道歉和道別。
恩怨和解	協助病人與親友達成恩怨和解,讓病人面對自我,毫無遺憾。
完成臨終遺願	列出病人臨終遺願(如前遺願清單),一一協助完成和實現。
實踐宗教信仰	宗教均明確引導死後生命去處與方向,有助病人面對死亡。
面對接受死亡	真誠關心、陪伴並具體提供病人面對及接受死亡的相關資訊。
自我價值實踐	協助病人肯定此生的理想、價值、生命意義與貢獻。
放心無牽掛	讓病人知道他牽掛的事、放心不下的人、交代的問題都會一一處理,請其放心,不要牽掛,安心的走。

瀕死時刻的送行與祝福做法

肢體關懷

在瀕臨死亡以及宣告死亡之前，這一段時間格外重要，是「送行」的黃金時間，家屬宜珍惜並把握生命互動寶貴時光。藉由溫馨的肢體接觸，如輕柔的擁抱、握手、身體按摩等，讓病人真實地感受家人親友的愛、陪伴與關懷。可先輪流互動，最後再一起牽著病人的手集體送行。

言語關懷

家人輪流和病人說話，一邊給予肢體的關懷互動，一邊用言語表達心中感念。內容可包含感謝他給你的關心和愛、感謝他對你的包容和無私奉獻、你想對他致歉的事、你最想告訴他的話、你希望他放下的事、請他放心別掛礙、你會幫他完成心願……等等。

意念祝福

最後時刻家人可以全體一起牽著病人的手，共同集中意念給予病人最真誠的祝福。意念是一種能量，可以凝聚和集中情感，也能夠傳達和共感，病人是能感受到的。全體家屬共同於心中持續地說：「一路好走！」「祝福您」；或默唸「南無阿彌陀佛」；或禱告祝稱「上帝保佑您！」將想給病人的祝福，透過語言、想像產生意念，不斷地傳達給病人。

4 身後處理篇

　　很多人不知道該怎麼辦理身後事，覺得很繁瑣且不知所措，事實上，對家屬來說，只要掌握基本治喪原則與方向，大略了解整個喪禮的流程、禮俗和做法，其餘執行的實務與細節，可以放心交給專業的禮儀業者去執行。

　　處理身後事，家屬掌握的第一原則便是尊重亡故親人生前的預囑和交代，依其所囑咐之事項辦理，如此既安心又可減少許多困擾；接著，好好傾聽所有家人對治喪的想法與需求，用尊重的態度溝通協商，共同決定費用、禮俗、流程、告別式形式、葬法、祭祀等，達成辦理共識，喪禮便能圓滿。

　　由於時代改變，喪葬禮俗和禁忌的做法也不宜完全固守舊制，建議禮儀服務人員應好好跟家屬介紹、說明，讓有意義的喪葬禮俗文化能延續下去；家屬也應該用心暸解整個喪禮流程與做法，仔細詢問喪禮儀節的功能，對於某些已不符現代需求的禁忌，切不可盲目跟從，以免造成自己及家人的困擾。

本篇提供「善終留言板」，提醒大家生前完成預囑，身後家人免煩惱；提供喪禮協商與諮詢原則、身後行政處理事項、治喪流程、各種不同宗教喪禮做法、喪葬禮俗古今做法簡介、各式不同葬法介紹；提供喪禮禁忌調整做法參考原則；提供撰寫及寄發訃聞應注意細節；以及參加喪禮應注意事項，讓家屬掌握辦理身後事技巧。

善終留言板

事 先 預 囑 的 好 處
1.事先決定並預囑，能讓自己的生命更圓滿。
2.家人依照預囑辦理後事，可減少不必要的爭議與衝突。
3.家人依照預囑辦理後事，不會慌亂和不知所措。
4.家人依照預囑辦理後事，能感覺安心和較無遺憾。
5.身後事辦得和諧圓滿，有益家族情感凝聚。

喪 禮 細 節 的 預 囑	
遺容	髮型、容顏、壽衣、鞋子、配件飾品等。
陪葬品	喜愛的書、衣服、物品等。
宗教儀式	希望以何種宗教方式辦理。
委託人／公司	喪禮希望交付誰來辦理。
遺像	使用〇年〇月〇日所拍的相片。
訃聞	不發訃聞或是發訃聞，說明其顏色、材質、樣式、內容。
參加喪禮名單	親戚、同學、同事、朋友。
奠儀	收受或是懇辭奠儀。

告別奠禮布置	用○花或○色的鮮花、是否要懸掛輓聯及輓額等。
罐頭塔、陣頭	收受或是懇辭。
告別奠禮方式	1.傳統出殯奠禮：家奠→生平事略介紹→公奠→瞻仰遺容。 2.音樂演奏會。 3.親友追思會。 4.聚餐方式。
告別奠禮音樂	播放○○最愛的樂曲。
埋葬方式	1.土葬。 2.火化進塔。 3.環保自然葬：火化後以樹葬或海葬等處理。
後人紀念方式	希望以後每年用祭拜、追思或是網路祭祀等方式來紀念（例如：家人聚集在祖厝，對著遺像或祖先牌位祭拜追思後聚餐。）。

遺囑執行人指定書

如果立遺囑人擔心遺囑寫完之後，多人執行恐橫生枝節，或獨身者無人執行之情況，可以指定遺囑執行人。配合自書遺囑之法律規定，全文須親筆書寫，記明日期並簽名。

初終處理注意事項

在醫院死亡

1. 在醫療院所死亡，應向醫院申請死亡證明書並辦理出院手續。
2. 在離院前應確定未來喪禮舉辦地點，遺體運回家裡或殯儀館，再由醫院或殯葬禮儀人員協助，護送遺體至太平間後轉送家裡或殯儀館。

在家裡死亡

1. 在家裡死亡，應觀察臨終者心跳和呼吸，留意死亡時間，同時事先確定遺體放置家裡或移送殯儀館冰存。
2. 死亡後由禮儀服務人員協助，搬抬遺體至家中客廳或載送至殯儀館。
3. 由於部分縣市殯儀館於遺體入館時，會要求出示死亡證明書，因此應先向醫院或衛生單位（衛生所）申請死亡相驗，向驗屍單位申請死亡證明書。

在意外現場

1. 親人若在意外現場身故，應注意在未獲警方同意前，切勿碰觸或移動遺體。

2. 家屬應配合警方製作筆錄，留意亡者身上貴重或具有紀念性物品，並討論確定遺體運回家裡或殯儀館。

3. 再由禮儀服務人員協助，護送遺體回家裡或至殯儀館。

在國外

1. 若親人在國外身故，一般會有兩種處理方式：①遺體先在當時火化後，再把骨灰運回；②直接把遺體運回臺灣。

2. 若遺體先在當地火化時，一般是委託當地的禮儀公司協助處理後事，並將遺體火化後，再把骨灰帶回臺灣。

3. 骨灰運回臺灣後，再依個別情況，考慮是否舉辦告別儀式或追思奠禮。

身後行政待辦事項

行政項目	申辦內容
死亡證明書	病逝醫院、診所應由醫院或診所開立死亡證明書；在家中病故則應向當地派出所或衛生所申請驗屍，並由衛生所醫師或主管機關指定之醫療機構之醫師檢驗屍體後開立死亡證明書；意外死亡則要由當地警方報請地檢署檢察官會同法醫驗屍。在查明死亡原因後，由地檢署察官開立「相驗屍體證明書」。
火化埋葬許可證	取得死亡證明書後，應在出殯前申請辦理埋葬或火化許可證。
死亡除戶登記	親人死亡後應於30日內，向死亡者戶籍所在地辦理死亡除戶登記，將亡者的戶籍除去。
遺產稅申報	親人若有留下遺產，家屬(繼承人)應於六個月內依法向國稅機關申報遺產稅。

辦理繼承	親人身故後所遺留之財產，除應依法據實申報、繳納遺產稅外，也應依其遺囑、遺願，或依法定繼承權人，依規定辦理繼承手續。惟被繼承人所遺財產也包含債務，繼承人在獲知有繼承權時，應注意被繼承人的財產狀況。必要時應辦理「拋棄繼承」或是「限定繼承」，以避免繼承結果變成為負債。
所得稅申報	一般人死亡後，其生前的收入所得，仍應於次年申報所得稅，由申報義務人(配偶或繼承人)依據實際狀況，替亡故的親人依法申報所得稅。
勞工保險死亡給付請領	臺灣許多民眾都有參加勞工保險。當親人身故後，勞工保險有多種給付種類、項目與方式。或可申請多種給付，或僅能選擇一種給付。端看被保險人或申請人之身分、死亡原因及投保狀況而定。由於情形有些複雜，且選擇不同給付，給付金額也不同，關係家屬權益甚大。家屬應清楚瞭解各項條件，並謹慎選擇最有利的給付。

國民年金保險死亡給付請領	依《國民年金法》規定，臺灣一般國民年滿25歲，未滿65歲，在國內設有戶籍，而沒有參加勞保、農保、公保、軍保者，均應參加「國民年金保險」。而參加「國民年金保險」之被保險人死亡，其家屬得請領「喪葬給付」與「遺屬年金給付」二項保險給付。
公教保險死亡給付暨眷屬喪葬津貼請領	公教人員在職期間，依《公教人員保險法》規定，都要加入公教人員保險（公保）。而公教人員保險之保險給付，包括有殘廢、養老、死亡、眷屬喪葬及育嬰留職停薪等5項。其中與死亡有關的保險給付，為「死亡給付」與「眷屬喪葬津貼」2項。請領公教人員保險給付，應於得請領日起5年內提出申請。
一般保險給付請領	親人身故，在辦理其喪葬後事時，也應注意其生前投保保險情形。而各種保險的應備資料不同，各保險公司的規定也不一樣，申請人（受益人或繼承人）應依規定，備齊資料，於請領期限內提出請領給付申請。

有關遺產查詢的問題	一般來說，亡者留在身上、住處的現金、財產，很容易查明清楚，但銀行存款、基金債券投資、保險、車輛、土地房屋等不動產，以及其他債權、債務則較難查明。透過財政部財稅資料中心的財產歸戶清單，家屬可以查詢到已故親人名下的土地、房屋等不動產，股票投資或股東合夥情形，還有汽、機車等動產狀況，繼承人得向各地區國稅局查詢。
有關子女監護權的問題	單親的親人身故，若遺有未成年子女，其子女的監護權經常是一件棘手的事。對於未成年子女的撫養權問題，雙方應本於對孩子最有利的方式協調解決。若無共識，則要透過訴訟解決。

喪禮協商與溝通技巧

喪禮的功能與需求

1.盡孝的功能與需求。

2.抒哀的功能與需求。

3.宗教或信仰的功能與需求。

4.滿足亡者的需求。

5.人際的功能與需求。

6.滿足生者的需求。

7.追悼的功能與需求。

協商與溝通原則

1.主事者應充分跟大家說明亡者的遺願與交代。

2.所有家屬應尊重亡者的生前預囑與交代。

3.應讓家族中的成員有充分表達想法和感受的機會。

4.請禮儀業者說明各項儀節的規劃與細節，並充分瞭解其功能與意義。

5.主事者宜將家族成員們對禮俗和儀節的需求清楚的向禮儀業者說明，並要求其配合執行。

6.關注各項禮俗與儀節是否能發揮喪禮的功能並關照到家庭及成員們的需求。

7.禮儀業者應傾聽並重視所有家屬想法與意見。

參加告別式該注意的儀節

1.穿著素色衣服，儀容整齊。

2.態度莊嚴肅穆，不可高聲談笑。

3.給遺族家屬最真摯懇切的致哀及悼慰。

4.依照身分和關係參加家奠或公奠。

5.遵照家、公奠流程行禮上香或致意，以表尊重。

6.奠儀一般以奇數為基準，如1100、1300、1500、2100、2500……等等。

7.離去時習慣不道再見，而以「請保重！」或點頭致意表示。

一般民間基本喪葬禮儀流程

喪禮儀式內容	做法及意義
遺體安置	現代人大都是在醫院死亡，隨後即須移置殯儀館冰存。部分送回家中者，則需租用冰櫃冰存。
豎靈	「豎靈」即為死者豎立靈位與設立靈堂。
訃聞	親人亡故，訃告至親好友過世消息。
入殮	遺體應先沐浴、更衣、化妝後，大殮入棺。
出殯（告別式）	出殯儀式或簡單肅穆或莊嚴隆重，一般仍有家祭、公祭或追思禮拜等奠祭儀式之舉行。
火化、安葬	安葬方式有土葬、火化進塔、海葬、樹葬等。
安位	出殯後為亡者之魂帛安置於祖先牌位之側，供日後祭祀，稱為「安位」。
慎終追遠	後續的百日、對年、三年、合爐及每年清明、忌日之掃墓與祭拜。

（資料來源：華都出版公司郭慧娟著《生死學概論》第八章）

臺灣各主要宗教之喪禮儀節

宗教名稱	教義與死亡觀	喪禮儀節
佛教	「因果報應」與「六道輪迴」是佛教基本觀念。淨土法門認為人在臨終前，若能以真信切願，持念「阿彌陀佛」名號，縱有無數惡業，亦能往生西方極樂世界。	臨終助念、遺體安置、豎靈、做七與法會、入殮、出殯與告別式、火化／安葬／進塔、安靈、百日／對年／三年／合爐、慎終追遠。

道教	道教追求長生久視，認為人的死亡，是魂飛魄散，精去神竭的結果。應透過煉度薦亡，超度亡魂，還陰魂於體魄以獲新生。	遺體安置、豎靈、腳尾燈／腳尾錢（腳尾紙）／腳尾飯、誦腳尾經（開魂路）、擇日、擇地、做七（做旬）、法事／功德、入殮、家祭／公祭／拈香、火化／安葬／晉塔、返主／安靈、百日／對年／三年／除靈／合爐、慎終追遠。
天主教	天主教認為生命是永恆的存在，人的死亡其實是永生的開始。只要相信主，相信耶穌，必定能獲得救贖。為讓中國人接受天主教，在喪葬禮儀方面，天主教有許多妥協的做法，如魂帛牌位和燒香祭拜等。	臨終敷油／臨終祝禱、遺體安置、豎靈、禱告、獻彌撒　做七、入殮、殯葬彌撒、火化／安葬／進塔、安靈、百日／對年／三年／除靈／合爐、慎終追。

基督教	基督教認為死亡只是靈魂回到天上，安息在主的懷抱裡。所以基督教沒有招魂或引魂儀式，沒有魂帛牌位，沒有靈位靈堂，也沒有燒香祭拜或誦經法會等問題。喪禮儀節十分簡約。	臨終祝禱（禱告）、遺體安置、設靈堂（追思堂）、入殮、安息（追思）禮拜、火化／安葬／進塔、慎終追遠。
回教	回教認為「安拉」是創造宇宙萬物的唯一真主，相信死後的復活和審判，講求厚養薄葬。無論生前是貧窮或富有，穆斯林死後都是以白棉布裹屍，於三日內下葬。他們採用土葬，但不用棺木，沒有任何陪葬品，喪禮簡單隆重。	臨終提念、通知死訊、遺體洗淨／殮／安置、殯禮（站禮）、安葬、游墳。 ＊伊斯蘭教認為真主是唯一的主，因此穆斯林不祭拜亡者或對亡者鞠躬行禮，也沒有魂帛牌位或香案靈桌的設置。

（資料來源：華都出版公司郭慧娟著《生死學概論》第八章）

治喪期間應注意事項

治喪期間應注意事項

1. 服（守）喪期間，應儘量穿著素色衣服，如白色、黑色、藍色或灰色等。

2. 一般民間有習慣於服喪期間，不進寺廟，不祭拜神明菩薩，前往親友家亦應注意對方有無忌諱。

3. 為避免困擾，孝子女外出時，得把孝誌暫時放置亡者靈位旁或靈桌上（俗稱「寄孝」）。

4. 有親友親至靈堂弔唁，應由孝眷點香後遞交親友上香。祭拜時應向亡者稟報上香者姓名身分。親友上香畢，應恭敬接香並插香爐中後向來祭拜之親友答禮致謝。

5. 停靈期間靈桌應保持潔淨，靈前水果應每天更換，鮮花則適時更新。視需要早晚拜飯。

6. 搭蓋告別式場或出殯時占用道路，應事先向轄區派出所申請核准。

喪葬禁忌的省思

人們因為恐懼死亡、害怕亡靈作祟，以及服從儀式規定和基於前人的教訓或不佳經驗，因此發展出種種喪葬禁忌。面對這些禁忌，我們應該深入瞭解其形成的因素及其所欲表達的目的，而非未經思考全盤接受。我們可以用更理性、更關懷的態度來檢視或看待它。

舉例來說，像禁忌晚餐後過世、禁忌淚水滴亡者身、禁忌出嫁女拜娘家墳、禁忌喪事期間作飯……等，有的禁忌違反人性情感，有的死亡情況是無法控制，也有的禁忌影響我們的生活作息，或許我們可以適度的調整心態和做法。

禁忌來自於人，也可以由人來做調整和改變。檢視喪禮中的禁忌是否合情合理，可以從以下標準做為參考：

1.禁忌是否符合現代人需求？

2禁忌是否符合人性及增進家庭情感？

3.禁忌是否符合理性和知識上的經驗法則？

4.禁忌是否符合對亡者的尊重和恭敬？

5.禁忌是否符合對家屬及親友的尊重與關懷？

6.禁忌是否能促進喪禮的圓滿與和諧？

各種葬法與流程

葬 法	葬禮流程與儀節
土葬	傳統閩籍作法是入殮後覓葬地,擇定出殯、入壙日期和時辰;粵籍作法則是先擇入殮、移柩及葬日後,再依埋葬時日選擇墓地。墓地擇定要破土開壙,擺案設祭后土,然後掘土築墓。出殯當天,棺柩抬至墓地,家屬先跪哭訣別,由棺木工人「放栓」、定方位分金,確認方位後掩土,而後豎墓碑、立后土,並於祭拜后土、點主後,陳列祭品祭拜亡者。祭祀完畢,孝子孫手捧魂帛牌位,繞墓三圈而返,是為「返主」。葬後翌日或第三日,喪家再返墓地巡視,查看墳墓狀況是否妥善,並設牲禮祭謝后土。巡山後,等造墓工人築墓完成,再舉行「完墳」之祭禮。土葬後數年,後世子孫還需將遺骸起掘後於原地或擇地再葬,稱為「拾金」。

火化進塔的喪葬儀節於出殯發引前，幾乎與土葬相同，僅有的差別是，火葬用火化棺，土葬用土葬棺入殮，若有擇日，除了入殮、移柩、發引時辰外，還會擇定火化、晉塔時間。

在出殯發引後，棺柩隨即運到火化場火化，於當天或翌日領取骨灰，並以骨灰罈裝封後，安奉在納骨塔內，安葬儀式即告完成。近年來更行「清淨靈」，於遺體火化後，即行「除服」，返家洗淨、安靈後，喪事大致完成。

火化進塔

樹葬／花
葬／草皮
葬

「樹葬」就是在公墓內，將骨灰藏納土中，再種花樹於上，或於樹木根部周圍埋藏骨灰的安葬方式。一般周圍環境種植有樹木（喬木）者，如松樹、楓木或櫻花等，稱為「樹葬」；周圍環境栽植花卉（灌木或草本）者，如玫瑰、杜鵑或茉莉花等，稱為「花葬」；若周圍環境是一片廣闊之青草地，則是「草皮葬」。民眾可以選擇自己喜歡的花、草或樹木，把骨灰拋灑或植存其間。

海葬

臺灣四周環海，海洋廣闊無垠，有些人選擇海葬，做為自己最終的歸宿，象徵生命的永恆。目前台北市、新北市、基隆市與桃園縣，定期或經常性辦理海葬，其他縣市要辦理海葬，仍以委託殯葬業者為主。辦理海葬需雇請得載客的船隻、注意海象及安全，出海前要依規定辦妥出海登記。可以記錄骨灰拋灑地點之經緯度，便於日後追思，也可以在拋灑骨灰的同時，拋撒些許花朵、花瓣或花束，但請勿拋灑冥紙。

臺灣死亡咖啡館
手冊版

國內目前可實施環保葬之處所

縣市別	名稱	資格限制	收費標準
臺北市	軍人公墓「懷樹追思園」	限亡故現役軍人／榮民（及其配偶）	免費
	陽明山第一公墓「臻善園」	不限設籍地	免費
新北市	新店區公所四十份公墓	不限設籍地	免費
	金山環保生命園區	不限設籍地	免費
	三芝櫻花生命園區	不限設籍地	免費
桃園市	楊梅市生命紀念園區「桂花園」樹葬專區	不限設籍地	本市免費；外市$5,000/位
苗栗縣	竹南鎮第三公墓「普覺堂」多元葬法區	不限設籍地	免費
臺中市	臺中市神岡區第一公墓「崇璞園」	不限設籍地	本市$6,000/位；外市$30,000/位
南投縣	鹿谷鄉第一示範公墓	不限設籍地	$3,000/位
彰化縣	埔心鄉第五新館示範公墓	不限設籍地	本鄉$6,000/位；外鄉鎮$9,000/位

電　話	地　址
02-27851686#10、11	臺北市南港區研究路三段130號
02-28922690	臺北市北投區泉源路220號
02-22178433 02-29112281#1005	新北市新店區翠峰路102號
02-22571207#128	新北市金山區頂角段半嶺子小段342地號土地（法鼓山佛教教育園區內）
02-22571207#105	新北市三芝區圓山村內柑仔25-1號
03-4783683#16王先生	桃園市楊梅區中山南路800巷41號
037-584343	苗栗縣竹南鎮和興路2號
04-25631345	台中市神岡區神清路344之1號
049-275-5313	南投縣鹿谷鄉中正路一段236巷3號
04-8296249#28 0925-769-175謝先生	彰化縣埔心鄉舊館段583-39、583-40地號

縣市別	名稱	資格限制	收費標準
雲林縣	大埤鄉下崙公墓	不限設籍地	免費
	斗六市九老爺追思生命園區	不限設籍地	本市$6,000/位；外縣市$12,000/位啟用1年內半價
嘉義縣	溪口鄉第十公墓	不限設籍地	本鄉$5,000/位；外鄉$10,000/位
	阿里山鄉樂野公墓	不限設籍地	（訂定中）
	中埔鄉柚仔宅環保多元化葬區	不限設籍地	$6,000/位
臺南市	臺南市大內骨灰植存專區	不限設籍地	$3,000/位；啟用後3年內開放全國民眾免費申請使用。
高雄市	旗山區多元化葬法生命園區（景福堂）	不限設籍地	$20,000/位
	燕巢區深水山樹灑葬區「璞園」	不限設籍地	103~105年高雄市民免費；外縣市樹葬$9,000/位
	(私立)麥比拉生命園區樹葬區	不限設籍地	由教徒隨喜奉獻
屏東縣	林邊鄉第六公墓樹葬區	不限設籍地	樹／花葬$8,000/位、壁葬本鄉15,000/位；外鄉$25,000/位

電話	地址
05-5913498	雲林縣大埤鄉尚義村頂巷1-15號
05-5336582	雲林縣斗六市斗六市永興路53巷51號
05-2695950#29、11	嘉義縣溪口鄉溪口段410號
05-2562547#142 0937-650690洪先生	阿里山鄉樂野村2鄰56號旁
05-2533321#261~263	嘉義縣中埔鄉同仁村23鄰柚仔宅78之7號
06-2144333#204廖先生	臺南市大內段2759、164-1地號
07-6628467	高雄市旗山區東昌里南寮巷1-1號
07-6152424 0910734021陳先生	高雄市燕巢區深水路4巷67號
07-6993089	高雄市湖內區東方路684號
08-8755123#1509戴小姐	屏東縣林邊鄉水利村豐作路88-128號

縣市別	名稱	資格限制	收費標準
屏東縣	九如鄉「思親園」納骨塔	不限設籍地	本鄉樹／花葬免費 外鄉$10000/位
	麟洛鄉第一公墓	不限設籍地	樹葬$10000/位 灑葬$3000/位
宜蘭縣	宜蘭縣殯葬管理所「員山福園」	不限設籍地	樹葬$5,000/位 灑葬$2,500/位
花蓮縣	花蓮縣鳳林鎮骨灰拋灑植存區	不限設籍地	本鎮$3,000/位 非本鎮$5,000/位
臺東縣	卑南鄉初鹿公墓「朝安堂」多元化葬區	不限設籍地	$10,000/位
	太麻里鄉三和公墓	不限設籍地	無主免費 本鄉$2,000/位 外鄉$3,000/位
	臺東市殯葬所懷恩園區	不限設籍地	本市$9,000/位； 本縣$13,500/位； 外縣$18,000/位
金門縣	金城公墓樹葬及灑葬區	不限設籍地	免費

資料來源：全國殯葬資訊網「環保自然葬專區」：
http://mort.moi.gov.tw/frontsite/nature/newsAction.do?m
ethod=viewContentList&siteId=MTAz&subMenuId=902

電話	地址
08-7397350	屏東縣九如鄉九明村中路21號
08-7215957溫先生	屏東縣麟洛鄉麟頂村成功路
03-9220433#50	宜蘭縣員山鄉湖東村蜊埤路27號
03-8762771#168	花蓮縣鳳林鎮民權路21巷26號
089-381368#353	臺東縣卑南鄉初鹿村梅園路朝安11巷1號
089-781301#20	（鄉公所）：臺東縣太麻里鄉泰和村民權路58號
089-230016	臺東縣臺東市民航路200巷100號
082-318823#66901	金門縣金寧鄉盤果路230號

訃聞撰寫及寄發注意事項

製作或發送訃聞應注意事項

1. 與禮儀服務人員討論訃聞樣式、顏色、文字內容，並以最適切之方式印製。

2. 內文稱謂、姓名、時間等資料應一一確認，並多次校稿，並於送印前確認張數、紙張顏色、樣式。

3. 訃聞之信封應使用黑色筆填寫、字跡端正，只填寫一人，即某某先生或某某夫人，不可聯名或填具全家福。

4. 訃聞之收件人處不寫收或啟，收件人地址不高過人名、喪宅地址要比對方地址低。在填寫對方姓名與頭銜時，字體必須同樣大小，不要有姓大名小或是姓名大頭銜小的情形，直接在姓名下方填寫同樣大小字體的「先生」、「小姐」、「女士」、「大德」等稱呼。

5. 先確認收件人地址後才寄出，訃聞約在出殯前一週左右寄出，亦應確定收件人於出殯日至少三至五天前能收到。

6. 訃聞之發送可採郵寄、親自送達或委託他人代送等方式，此外，也可用電話聯絡或是以電子郵件來告知治喪事宜。

7.訃聞上喪家所留電話應隨時有人接聽，以免造成親友詢
　問上的不便。

8.訃聞郵寄時應書寫郵遞區號，且配合郵局作業，不得以
　訂書機裝訂，以印刷品的平信寄出即可，應注意別漏貼
　郵票，或郵票有無掉落。

白話訃聞撰寫注意事項

白話訃聞雖然沒有固定格式的限制，但撰寫時仍須具備下
列幾點：

1.何人死亡：亡者的姓名、稱謂、年齡、生日（可免）。

2.何時、何地、為何死亡：死亡日期、時間、地點、死
　因。

3.喪禮訊息：告別式日期、時間、地點、程序。

4.何人發布訊息：家屬或發聞者姓名與亡者關係。

5.特別聲明：贈送參禮者禮物內容，懇辭鼎惠（不收奠
　儀），辭花籃、輓額，懇辭藝陣（如孝女白瓊、白獅
　陣、蜈蚣陣等）。

6. 特別要求：請著正式服裝、請準時入場等。

殯葬消費權益

委託合法禮儀公司	選擇禮儀公司，首要自是選擇合法的禮儀業者。一家合法的禮儀公司應具備以下三個條件： 1.經縣市政府核准設立。 2.依法辦理公司或商業登記。 3.加入公會。 委託合法禮儀社協助辦理喪事，品質與權益才有保障。
簽訂殯葬服務契約	委託禮儀公司協助辦理喪事，禮儀公司一般都會主動說明服務的流程、項目、內容與價格。由於傳統喪葬禮儀繁瑣，每一個儀節或每一項物品的舉辦或使用，應於事前言定價格，並訂定書面契約，避免日後不必要的糾紛。

購買生前契約應注意事項	1.購買後有5天的契約審閱權利。 2.契約應以書面明訂總價與付款方式。 3.簽約14天內可無條件解約。 4.簽訂生前契約到履行契約的時間長，應定期檢視與調整契約內容。 5.了解業者有無將75%的預收費用交付信託。
購買墓園或納骨塔應注意事項	消費者購買墓園時，要檢查有無政府主管機關發給的使用執照和啟用函；購買寶塔時，要檢查有無政府主管機關發給的建築使用執照和啟用函。只要檢查這兩份文件，就可以暸解該墓園或寶塔是否合法。墓園或納骨塔是親人最後下葬的地方，切勿以投資心態購買，慎重選擇才不會造成遺憾和糾紛。
殯葬糾紛申訴流程	1.禮儀公司。 2.地方政府民政局或殯葬主管機關。 3.地方政府消保官。 4.各地方消費者保護基金會。

5 悲傷療癒篇

　　喪親悲傷無法「跳過」，無可避免，每個人都會經歷，因此，應該要對它有基本的認識與了解，才能順利走出悲慟低谷。

　　或許是文化使然，台灣社會及家庭給予喪親悲傷的支持力量較薄弱，很多人在喪親後長時間躲起來獨自療傷，人前強顏歡笑，人後悲痛淚流；再加上工商業社會治喪時間及型態改變，短短的幾天喪禮之後，就得真實面對失落現實，默默承受喪親之慟，所以，如何讓自己好好的抒發悲傷情緒，便成為現代人重要的生命課題之一。

　　除了認識喪親悲傷，正面地與悲傷共處外，我們是可以有一些具體自療作為的。本篇提供簡易的認識喪親悲傷的小常識；提供喪親悲傷的可能反應資訊；提供大家可能要注意的悲傷狀況；悲傷療癒的三個歷程圖；喪親後的具體自我照顧作法；如何關懷陪伴喪親悲傷的小撇步；提供如何陪伴及關懷自殺遺族；以及如何在喪禮中凝聚家族支持力量的「心靈做七」與「百日追思」具體作法等，希望協助大家認識喪親悲傷，並有效協助自己及家人走出喪親悲傷。

認識喪親失落與悲傷

什麼是喪親悲傷？

當我們失去自己所愛或對自己有意義的人時，我們會感到不捨、難過，每個人會因個別差異，產生可能相同或不同的心理、情緒和行為的哀慟反應，必須經過一段時間的適應、調整和重建，才能逐漸獲得身心療癒，回復到正常的生活狀態。

喪親悲傷時間多久？

喪親悲傷是人在失去至親後反應出來的正常情緒反應，悲傷的時間因人而異。一般來說，通常至少要三個月、半年至一年才能逐漸平復，依附關係緊密的親人，二至三年後才能走出悲傷低谷亦屬正常。喪親初期，喪親者隨時都會感到痛苦，時不時想哭，哭時無法克制且胸口緊縮，兩三個月後慢慢不再時不時想哭，但想到還是會感到悲哀，喪親者若能重新將情感投注在生活中，逐漸就能回復正常的生活。

喪親悲傷對我們的影響

每個人在失去親人後的悲傷反應和行為落差很大，有的人很快就回復生活軌道，有的人生活步調大亂；有的人躲起來孤單療傷，有的人獲得有力的家庭或社會支援；有的人無法正常盡哀，有的人的悲傷則受到忽視。一般來說，如果悲傷持續很長一段時間未逐漸獲得緩解，建議就醫求診或尋求專業協助。

喪親悲傷的可能反應

項目	一般反應	較強烈反應
生理方面	胃部空虛、胸口悶、喉嚨緊縮、對聲音過於敏感、呼吸急促、全身無力、缺乏活力、口乾及「去個人化」的感覺（覺得周遭人事物都不真實，包括自己）。	沒有食慾、睡眠不足、精疲力竭、虛弱無力、易受驚嚇。
情感方面	會出現哀傷、生氣、罪惡感及自責、焦慮、寂寞、疲憊、無助、震驚、思念、解脫、鬆一口氣、麻木等情緒。	震驚、遺憾、沮喪、孤獨及無助。
認知方面	不相信、思緒混亂、沉沒在思念逝者、覺得逝者仍在、短暫的幻覺。	會想起死者、滿腦子想著失落的事件、無法相信、為死者感到可惜、對失落事件充滿疑問。

行為方面	會出現睡眠困擾、食慾困擾、失魂落魄、社交退縮、夢見逝者、避免任何會憶及逝者的事物、尋找與呼喚逝者、嘆息、不休息地過度活動、哭泣，以及探訪某些地方及攜帶某些物品以讓自己回憶逝者、珍藏逝者的物品等行為。	哭泣、嘆氣、夢見與死者有關的人事物、保存某些與死者有關的物品、探訪某些地方讓我回憶死者。

資料來源：華都2014出版郭慧娟著《生死學概論》第九章

喪親悲傷的3個歷程

傷痛期

喪親初期,容易出現麻木、否認、錯愕等情形,時不時想哭,哭時揪心肝,痛苦悲傷。

重建期

逐漸接受親人亡故的事實,悲傷的情緒轉為多元的反應,有時傷心、有時憤怒,或渴望逝者再回來,但有時又會告訴自己人已故去,逐漸面對及適應喪親狀況。

穩定期

逐漸習慣沒有逝者的生活,儘管仍會傷心,卻已能回復原有的生活,並能將興趣投注在新的事物上,培養新的依附關係。

不同階段的喪親悲傷

兒童的悲傷反應

很多人常忽略孩童的喪親悲傷，甚至認為孩子年紀小、還不懂事，往往刻意保護或忽略了他們的悲傷情緒，或以為過一段時間或年紀稍長便會淡忘，只要盡量隱瞞或不讓孩子碰觸，就不會難過悲傷。事實上，孩子是敏感的，隱瞞、迴避、忽略或不予面對，悲傷並不會就此解決，反倒會造成心理與成長的諸多問題。

一般來說，三歲以前的嬰幼兒，雖尚無法理解死亡，但可以從大人的哀傷反應感受到分離與被遺棄；三到五歲學齡前兒童，會受父母的悲傷影響，對死亡有不切實際的想法，認為逝者可以再回來，對其感到無助並有分離焦慮，可能出現退化行為、難入眠，以及做惡夢等；學齡兒童則對死亡已有實際概念，可能將死亡擬人化，並相信自己對死亡有責任。可能出現的身心症狀包括難入眠、不易專心、恐懼、害怕其他家人發生危險等。學齡晚期兒童（9-11歲）想要得到相關資訊以確實了解死亡，他們會避免自己或其他人的強烈情緒，將注意投注在日常生活中。

青少年的悲傷反應

青少年時期能抽象思考，知道自己會死亡，在遭遇到死亡或失落時，一般的反應大致有：震驚、否認、憤怒、攻擊性行為、罪惡感、好鬥、退縮、尋求注意、對社交活動失去興趣、注意力不集中、缺乏情感、難過、對異性的興趣減低、無力感、反抗家庭學校、開玩笑等等。

此時期的哀傷支持則需以不同的方式提供。孩子如果抗拒成人的協助，表現出堅強、冷淡、不在乎的態度，則輔導老師或家人應表達同理心，並讚賞其表現出來的堅強自尊，漸軟化其內心防備。另外，在處理時，應依照生理、社會、心理、靈性或信念的順序，優先處理較急迫，或對個案本身生活影響較大的問題。

成人的悲傷反應

一般認為，成年人在身心方面相當獨立，因此長輩過世的喪親哀傷較易受到忽視，事實上，中年是人生的轉換時期，喪親感覺可能是成人諸多失落裡，如離婚、喪子、失業等中最隱而不顯的，卻會對中年人追求人生存在意義，產生不可忽視的重大影響。

我們的社會中，成人女性的喪親悲傷較有管道抒發出來，
但也常遇到其哭泣和哀傷情緒無法持續獲得家人的支持。
另外，我們社會中某些喪葬文化和禁忌，將女性隔離排
擠，也常造成悲傷處理的困難。例如：女性死後不能入家
祠、嫁出女兒不能回娘家掃墓等。

至於男性在悲傷反應上的差異，受到性別期待和文化的影
響，男性從小就被教導「不要哭」、「像個男子漢」，因
此男性較容易壓抑悲傷情緒和求助需求。男性在面對失落
事件時，除了要壓抑自己的悲傷情緒外，還要維持住堅強
的形象，因此，男性傾向表現出憤怒與攻擊，並因強烈自
責而感到痛苦。

老年人的悲傷反應

老年長輩一旦喪偶或子女先過世，會陷入痛苦深淵，並影
響身心健康。在喪偶後的六個月內，個體免疫功能會下
降，容易誘發各種身心疾病或促使原有疾病惡化。因此，
家人應多予關懷和陪伴，讓其有機會表達悲傷感受，另
外，也可多觀察長輩喪親失落適應過程中的障礙，並鼓勵
參與社交活動，或參與悲傷團體，協助早日走出悲傷。

應該注意的喪親悲傷反應

狀況1
3至6個月後談到逝者仍感到無可抑制的強烈悲傷。

狀況2
看似無關小事卻引發強烈的悲傷反應。

狀況3
一段時間後談話中仍不斷出現悲傷主題。

狀況4
已很長時間卻堅持不願意搬動遺物。

狀況5
出現逝者生前類似的生理症狀或疾病。

狀況6
親人死後生活有重大且負面的改變。

狀況7
長期愧疚感與自我價值低落或憂鬱現象。

狀況8
常有模仿逝者行為及人格特質的衝動。

狀況9
酗酒、自毀或自殺傾向。

狀況10
每年於固定的某段時間內有巨大的悲傷。

狀況11
對疾病與死亡強烈的恐懼。

狀況12
產生各種未解決悲傷的跡象。

狀況13
焦慮反應；創傷後壓力症候群。

喪親後自我照顧作法

項目	內容
照顧好自己的身體	維持日常生活上的規律性。
與悲傷共處	要和悲傷和平共處，不要壓抑，也不要排擠，想哭就哭，找適合自己的方式抒發，從抒發中找到出口和撫慰。
情緒管理	隨時適度的自我情緒覺察，清楚地感覺自己正感到難過的是什麼？難過的是與逝者間發生的什麼事？那些事對自己是什麼意義？自己為何而哀傷？這些體察能有效解決自己的許多問題和感覺，並且正向去解讀和面對這些問題，經過自我整理和重建，就能慢慢轉化，並有效面對。
允許別人幫助自己	適時的尋求協助與輔導。
維持正常的生活型態	盡量維持學業或工作並專注於其上，可分散喪親的悲傷盡量維持學業或工作並專注於其上，可分散喪親的悲傷。

| 以實際作為自療 | 為自己訂出一個喪親後的情緒管理作息表，給自己悲傷和情緒抒發的時間和空間。透過許多自療和面對悲傷的活動，喪親者就能透過回憶和連結，自我洗滌和沉澱與逝者的關係，並從中進行意義建構，尋思自我生命意義，逐漸達到復原的效果。 |

悲傷記錄卡

反 應	回 饋
當時的時間	
當時的地點	
當時的情境	
想到與逝者間的何事	
肢體的動作	
內心的想法	
自己的感覺	
悲傷過後的感覺	

情緒形容詞參考：

憤怒、無力、怨恨、哀傷、挫折、慌亂、空虛、自卑、崩潰、孤單、寂寞、浮躁、無奈、徬徨、渴念、愧疚、後悔、恐懼、痛苦、生氣、罪惡、疲憊、憐憫、困惑、害怕、寬恕、茫然、焦慮、無助、自責、哀怨、壓力、失落、沮喪、麻木、驚嚇、愛……等等。

喪親後情緒關懷及作息表

生活作息	08:00~09:00	起床／吃早餐／準備一天開始
	09:00~12:00	上課／上班／例行生活作息
	12:00~13:30	中餐／午間休息
	13:30~18:00	上課／上班／例行生活作息
	18:00~20:00	晚餐／家事／例行生活作息
悲傷時間	20:00~22:00 第一個禮拜每天／之後視情況安排	為自己安排一個不被打擾的時間／空間抒發悲傷的情緒。
		無論男生或女生都可以盡情的哭泣。
		寫信／抒寫文書折紙鶴／聽音樂／畫圖／唱歌懷念等。
		誦念佛號／誦經／抄經文／祝禱
		寫下自己的悲傷記錄：身心狀況、內心的感覺、悲傷後的心情。
療癒計劃	找適當時間 可單獨或有人陪伴	說出來：向家人傾訴難過或思念的心情。
		散心：和家人出去旅遊兜風、散心。
		轉移注意力：找有意義的事做。

		做愛心：傳送善和愛的能量與祝福。
		思念牠：家人一起折紙鶴、寫小卡片、寫信、畫圖、唱歌、寫文章、作回憶光碟紀念……
		再愛一個牠：如果是寵物過世的話，若情況允許，也可以再飼養一隻寵物，把你對過世寵物的愛再延續下去。
		發揮家人療癒效果：共同陪伴、祈禱、或集氣祝福。
		宗教慰藉。
		參加悲傷失落支援團體或活動
休閒安排	找適當時間可單獨或有人陪伴	運動：有效發洩自己體力並抒解悲傷情緒。
		沉澱心情：靜坐、泡茶／喝茶、閱讀。
		旅遊：安排時間單獨或家人去旅遊。
		參加社團／人際／社區活動。
		參加心靈提升活動。

我們可以為悲傷的人做些什麼？

1. 專注耐心的傾聽他（她）所說的話。

2. 表達自己的同理感受。

3. 當他（她）想哭時讓出可以好好哭的不被打擾空間。

4. 給他（她）溫暖的擁抱和支持。

5. 不要做無謂的說教或說些無濟於事的勸慰話。

6. 別把自己的價值觀或感受強加於對方身上。

7. 陪他（她）一同回顧逝者生前的種種。

8. 讓他（她）感覺你一直關心著他（她）。

9. 鼓勵他（她）參加正常的社交活動。

10. 照顧好自己的情緒，以免造成對方的困擾。

11. 告訴他（她）悲傷是正常且應該的。

12. 每個人的悲傷情境不同，應予尊重與同理。

13. 表達真誠實際的關懷態度。

14. 陪伴他（她）哭、禱告或誦經。

15. 必要時鼓勵尋求專業協助。

自殺遺族需要的關懷與協助

自殺遺族需要的關懷與體諒
1.不要把他們當成特殊分子或異類。
2.不要將他們污名化。
3.不要隨便幫他們貼「標籤」。
4.與他們相處如故，互動如往昔。
5.給予他們出自真誠的關心和協助。
6.給予「正確舉止」，如安慰、擁抱、傾聽、體諒及關心的眼神。

如何關懷自殺遺族	
不要熱心的隱瞞	不要覺得家中有人自殺是需要隱瞞或扯謊的，旁人刻意的隱瞞反倒讓自殺事件特別化。
不宜將自殺責任歸疚某人	有一些人會將自殺的責任歸疚某特定家人，這樣的　責不但不恰當，反倒會造成更大傷害，衍生更多問題。
不把自殺當成禁忌或神祕化	我們不應增添自殺行為的神祕性，也不要視作禁忌，應給自殺遺族正向且適度的關懷，才能幫助他們走出家人自殺的傷痛。

不要用刻板印象處理自殺事件

自殺的原因和背景因素很多，千萬不要以刻板印象予以污名化或醜化，這樣對自殺的防阻與後續處理完全無效益。應給予家屬體諒、傾聽、同理且耐心的陪伴，以正向的心態正視自殺問題，才是最佳的創傷療癒支持力量。

凝聚家族喪親悲傷支持力量

「心靈做七」與「百日追思」發想緣起

由於喪禮儀節越來越精簡，治喪時間也越來越縮短，建議各家庭可以在做七或做百日時，自行加入「追思」的活動，一來可以讓家庭成員有「參與」的機會，二來可以凝聚家庭的情感，發揮家庭支持的力量。

「心靈做七」 發想緣起	「百日追思」 發想緣起
1.現代喪禮治喪期愈來愈縮短。 2.家屬「面對親人死亡」時間被剝奪。 3.做七及功德法會減少。 4.做七只祭拜並處理亡者靈魂。 5.真正的悲傷往往從葬禮過後才開始。 6.如何補足及加強追思與哀悼功能？ 7.葬禮後49天內可不可能安排心靈做七？ 8.心靈做七怎麼做？	1.百日只祭拜並處理亡者靈魂。 2.百日追思是檢視家屬悲傷的關鍵。 3.是否可能補足及加強追思與哀悼功能？ 4.百日追思怎麼做？

「心靈做七」與「百日追思」追思方法	
相片追思法	找出與過世親人合照，讓大家挑一張，輪流抒發對亡者的懷念與生前點點滴滴，發揮家庭支持力量。
宗教追思法	若家族有共同的宗教信仰，則可以宗教信仰為主軸安排追思。
四道追思法	以道謝、道歉、道愛和道別為追思流程與主軸，家人輪流抒發，以達共同支持力量。
空椅法	做七或百日追思活動中，擺上一空椅，放置象徵亡者的代表物，家人輪流與之說話，表達四道或心中感念之意。
集氣祝福法	以集氣祝福為主，或以做七、做百日的法事為追思活動主軸。
家庭追思party	用party方式進行，或輕鬆、或聚會、或讀書會等，目的在凝聚家人感情，發揮家庭療癒功效。
意義追思法	以肯定亡者對家庭或家人的意義與貢獻為追思主軸。

| 和解追思法 | 以「和解」為追思活動的主軸，解決並表達愧疚之意。 |
| 為亡者做一件好事 | 完成亡者想做的事，或陪亡者做一件生前想做的事，或幫亡者做一件公益或好事。 |

相片追思法的作法與步驟

　　做七或做百日時加入追思的活動，做法可以十分多元，最簡單也最適合所有家庭的追思法便是「相片追思法」。

　　一般做七或做百日都在晚上，在請師父或師姐來誦經之前，家人可以事先聚集，大家圍坐在一起，將亡故親人的照片拿出來，每人選一張「最有感覺」的照片。接著，進行三個階段的追思活動。

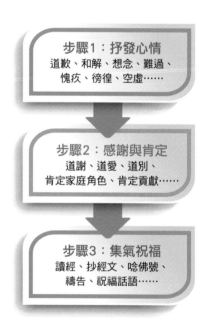

步驟1：抒發心情
道歉、和解、想念、難過、
愧疚、徬徨、空虛……

步驟2：感謝與肯定
道謝、道愛、道別、
肯定家庭角色、肯定貢獻……

步驟3：集氣祝福
讀經、抄經文、唸佛號、
禱告、祝福話語……

第一個階段，重點是抒發各人心情。因此，每個人可以就拿到的照片，一一輪流講述自己對亡故親人的思念，以及自其生病到辦喪禮這段期間以來的心情，或者歡笑、或者哭泣，家人全體真情陪伴，就是最好的療癒之道。

第二個階段，目的是肯定亡者的一生及感謝其對家庭的貢獻。此階段家人同樣一一輪流講述對亡故親人的感恩心情，謝謝他（她）為自己及家人的付出，讓每個人由內心講出感念之意。

第三個階段，則藉由祝福表達慎終追遠心意。祝福一直具有正向的能量，其實，誦經、祈禱也都是一種祝福。在此階段，可以配合宗教信仰，誦經或祈禱為亡故親人祈福，也可以直接進行做七或做百日誦經儀式。家屬可以在師父或師姐誦經時，跟著一起心中默念任何祝福的話語，例如：「祝您一路好走！」、「我愛您！」、「謝謝您！」、「我會永遠愛您」，或是佛號等，只要出於誠心，亡者自能感受到這祝福心意。

愧疚悲傷抒發建議做法

1.訂出一個專屬的紀念這位親人的追思紀念日。

2.布置一個安靜、屬於你和他（她）的習慣的對話追思空間。

3.空間裡有他（她）的位置、象徵性遺物或東西、氛圍、音樂、連結兩人情感之物、宗教信仰輔助物件、經文、信紙、照片……

4.可視自己情形定期或不定期追思，直到愧疚感逐漸獲得抒緩。

步驟1：表達愧疚
1.向亡故親人表達內心感覺愧疚之事
2.說明當時的無奈或無法做到的原因與問題
3.想哭就哭、想跪著說也可以，用自己覺得心安的方式
4.盡情表達，到覺得表達得夠了為止

步驟2：表達感恩與道愛
1.向亡故親人表達內心的感恩之意
2.向亡故親人表達內心的感情
3.盡情表達，用自己覺得心安的方式
4.一直到覺得表達得夠了為止

步驟3：給予祝福
1.向亡故親人表達內心的祝福之意
2.可讀經、抄經文、唸佛號、禱告、說任何祝福話語皆可。
3.盡情表達，用自己覺得心安的方式
4.一直到覺得表達得夠了為止
5.幫亡者做一件好事或他想做的事

6 寵物生死篇

　　毛孩與我們相處久了，就跟家人一樣，飼主不可避免的要面對牠的生、老、病、死，而面對寵物的生死，只要用心、用愛關懷與陪伴就對了！

　　面對寵物的臨終生命，我們可以一方面聆聽並尊重專業醫師的診療與判斷；一方面體察動物的求生意志，尊重牠們對生命的抉擇；最重要的則是順應生命的自然規律與天命，從這三個面向決定何時該放手。

　　毛孩寶貝離我們而去後，我們會經歷類似喪親的悲痛，這也是正常的現象。飼主應讓自己的悲傷情緒適當且有效的抒發，切莫壓抑或漠視，以免轉成憂鬱或其他身心症狀。

　　本篇提醒大家思考面對寵物的生、老、病、死的各種問題；思考我們和寵物的依附關係；想想毛孩老了、病了該如何照顧牠；臨終前與臨終時刻如何關懷與陪伴；提供寵物身後事處理方式；以及告訴大家，失去寵物如何抒發情感與如何追思；最後再來個與毛孩的10個生死約定，協助飼主們勇敢面對與承擔。

面對寵物生死，想一想！

寵物與我們的關係

- 你覺得你的毛孩跟你是怎樣的關係？
- 牠是朋友？兄弟姊妹？家人？子女？孫子女？精神或生活伴侶？
- 你跟牠的依附關係如何？
- 牠對你生命的影響是什麼？

當死亡靠近時

- 毛孩臨終時我們該有什麼心態？
- 生理照護上該如何處理？
- 具體的臨終關懷可以做什麼？
- 什麼時候該放手？

寵物身後事

- 寵物離去了該怎麼辦？
- 誰能為我處理牠的身後事？
- 哪裡找到寵物送行者？
- 寵物的塔位費用是多少？
- 寵物樹葬費用是多少？
- 寵物的火化費用是多少？

如何走出失寵悲傷

・多久走出悲傷才是正常？

・怎麼樣的失落悲傷要特別注意？

・感覺很悲傷時，我們可以怎麼做？

・對牠，我有好多遺憾，怎麼辦？

・你，是否不敢再養另一個牠？

我們和寵物的依附關係

- 飼主是牠的唯一。
- 牠是你的兒子／女兒、孫子／孫女、兄弟姊妹？
- 牠為我們排遣寂寞、心理支持、撫慰情緒。
- 牠帶給我們的生命課題是……
- 我們從牠們身上學習到的是……
- 我們必須陪伴與關懷牠們的生、老、病、死、苦。

寵物老了、病了，我們該如何照顧牠？

- 看醫生減輕痛苦。
- 細心照顧牠。
- 陪伴並關懷牠。
- 幫牠加油打氣。
- 安慰牠、輕摸牠、鼓勵牠。

如果還有時間陪牠做一些事可以列出寵物的「遺願清單」

- 陪牠做牠最愛做的事。
- 買牠最愛吃的食物給牠吃。
- 陪牠去牠最喜歡去的地方散步。
- 家人可以聚會陪牠。
- 陪牠去找朋友。

如何陪寵物走過生命終點

　　眼見心愛的寵物身受病痛折磨，不斷的看醫生、打針、吃藥，看著牠一天天衰老和不適，飼主們會很難過；有些飼主看心愛寵物如此痛苦，想以安樂死解除牠的痛苦，卻又充滿疚責感。

　　由於動物不會說話，一般飼主很難直接或完全清楚的掌握牠們的疼痛和不適，在病情及身體照顧上，飼主可以從行為觀察，聽取專業獸醫師的意見給予最適切的照顧。

　　具體的臨終關懷作法包括：1.和寵物們說話或用心念道別；2.若有個人信仰的宗教，可以宗教方式引導牠們；3.用鼓勵言語代替哀傷和不捨；4.好好道別，感謝牠們多年的陪伴和無私的奉獻，也表達對牠們照顧不周的歉意，告訴牠我們愛牠，讓牠不再牽掛；5.經過理智和專業的判斷和討論後，讓牠們安樂、平靜地離開

　　（資料來源：華都文化事業出版郭慧娟著《生死學概論》第十章）。

當牠身體越來越虛弱時……我們可以做什麼？

道愛：告訴牠我們很愛牠。

道謝：謝謝牠陪伴我們那麼多年。

道歉：有時候沒時間陪牠很對不起。

道別：跟牠說再見！

寵物的身後事

一般貓、狗等寵物的死亡場所，也和人類相同，大都是在獸醫院死亡，部分在家裡或在意外現場。若是在獸醫院死亡，獸醫院都有配合的寵物殯葬公司，協助飼主處理寵物後事。若是在家裡，或是在意外現場，則是由飼主自行委託寵物殯葬公司，為死亡的貓狗寵物處理後事。

寵物殯葬公司於接獲飼主的委託後，會立即趕到現場，將寵物的屍體以紙箱裝妥後，運送至「寵物殯儀館」安置。其實所謂的「寵物殯儀館」，經常就是寵物殯葬公司的辦公及工作場所。

寵物死亡後，屍體被運送到寵物殯儀館等待火化。一般寵物的火化，會在寵物死亡後的三天內舉行。當然，也有部分飼主堅持選擇吉日火化。而在等待火化的期間，因恐屍體腐壞，所以也都設有冰庫，冰存寵物屍體（資料來源：臺灣殯葬資訊網）。

寵物火化及入殮

貓狗寵物屍體的火化，一般都是以焚化爐。不過，貓狗寵物在火化前，「寵物送行者」會進行寵物的入殮工作。

1.先除去屍體上的針頭、紗布，拭去血水及身上污穢。

2.將屍體擦拭乾淨，並梳理整齊寵物毛髮。

3.適當給予佩帶漂亮的項圈或頸環等飾物，讓寵物美美地離去！

4.裝入紙箱或寵物棺木內。

5.送入焚化爐火化。

寵物屍體火化處理，一般有分「集體火化」與「個別火化」二種。所謂「集體火化」就是其他多隻貓、狗等寵物一起火化。「個別火化」則是個別的寵物單獨火化，不與其他寵物混在一起。

一般而言，寵物的屍體運送、冷藏和火化，並不逐項計費，而是總包括在「火化費」中。而寵物的火化費用，則依寵物的大小（輕重）計價。並有集體火化和個別火化的不同。集體火化是不撿（留存）骨灰；而個別火化則是飼主要撿（留存）骨灰（資料來源：臺灣殯葬資訊網）。

寵物骨灰處理

若飼主不撿（留存）骨灰，則在寵物集體火化後，由寵物殯葬公司收集存放，並於一段時日後，以海葬或樹葬等「寵物自然葬」方式處理。若飼主選擇撿拾（留存）骨灰，則於個別火化後，將骨灰裝入寵物骨灰罈或其他容器內，交與飼主處理。飼主留存寵物的骨灰，有的會把骨灰安置在「寵物納骨塔」或「寵物墓園」內；也有少數飼主則帶回家存放（資料來源：臺灣殯葬資訊網）。

失去寵物我們很難過，如何思念牠？

・好好的哭一場，讓情緒健康的發洩。
・全家聚在一起共同追思想念牠。
・可以把牠的照片或影片做成光碟紀念牠。
・看牠的照片思念回憶甜蜜過往點滴。
・可以說祝福牠的好話。
・以自己的宗教信仰幫牠誦經或祝禱。
・可以寫信給牠、折紙鶴、跟牠說話……

除了哭，還能做什麼讓自己好過一些？

· 散心：和家人出去旅遊兜風、散心。

· 說出來：向家人傾訴難過或思念的心情。

· 轉移注意力：找有意義或想做的事做。

· 做愛心：幫助流浪動物或其它公益。

· 思念牠：折紙鶴、寫小卡片、寫信、畫圖、唱歌、寫一篇文章紀念牠⋯⋯

· 再愛一個牠：如果情況允許的話，也可以再飼養一隻寵物，把你對過世寵物的愛再延續下去。

與寵物的10個生死約定

第一個約定：從生到死的過程，我都不離棄。

第二個約定：老了、病了，我會貼心照顧。

第三個約定：我懂你不畏懼病痛，需要的是激勵與關懷。

第四個約定：臨終前溫馨地道愛、道謝、道歉、道別。

第五個約定：我會妥善的處理你的身後事。

第六個約定：找適當的時候，告訴自己：「哭吧！好好的哭！」。

第七個約定：我答應你，一定好好照顧自己。

第八個約定：找方法思念，與悲傷和平共處，讓自己好過些。

第九個約定：當走不出悲傷時，允許別人幫助自己。

第十個約定：我不會因為你的離去而失去再愛的勇氣。

約定人：

我的寵物：

中 華 民 國　　　　　年　　　　　月　　　　　日

國家圖書館出版品預行編目資料

臺灣死亡咖啡館——手冊版／郭慧娟著. --初
版.--臺中市：白象文化，2016.6
　　面：　公分.——（信念；27）
ISBN 978-986-358-345-5（平裝）
1.生死學 2.通俗作品
197　　　　　　　　　　　105005087

信念（27）

臺灣死亡咖啡館——手冊版

作　　　者　郭慧娟
校　　　對　郭慧娟
專案主編　蔡晴如
出版經紀　徐錦淳、林榮威、吳適意、林孟侃、陳逸儒、蔡晴如
設計創意　張禮南、何佳諳
經銷推廣　李莉吟、莊博亞、劉育姍、李如玉
行銷企劃　黃姿虹、黃麗穎、劉承薇
營運管理　張輝潭、林金郎、曾千熏
發 行 人　張輝潭
出版發行　白象文化事業有限公司
　　　　　402台中市南區美村路二段392號
　　　　　出版、購書專線：（04）2265-2939
　　　　　傳真：（04）2265-1171
印　　　刷　基盛印刷工場
初版一刷　2016年6月
定　　　價　300元